本书由建新赵氏集团有限责任公司资助出版

让每一颗星星都闪亮

基于"学科+"的拓展性课程活动案例集

Rang Mei Yi Ke XingXing Dou ShanLiang

顾亚莉◎主编

一个人可以走得很快，但不可能走得很远，只有一群人才能走得更远。我们的基于"学科+"的拓展性课程活动正带着学生在漫漫教育之路上快乐行走，它将在学校创建的"第二课堂"里，不忘初心，一直引领我们走向更远的地方……

光明日报出版社

图书在版编目（CIP）数据

让每一颗星星都闪亮．基于"学科+"的拓展性课程活动案例集 / 顾亚莉主编．--北京：光明日报出版社，2019.2

ISBN 978-7-5194-4914-8

Ⅰ.①让… Ⅱ.①顾… Ⅲ.①小学教育—研究②课程—教学研究—小学 Ⅳ.①G62

中国版本图书馆 CIP 数据核字（2019）第 025048 号

让每一颗星星都闪亮——基于"学科+"的拓展性课程活动案例集

RANG MEIYIKE XINGXING DOU SHANLIANG——JIYU "XUEKE +" DE TUOZHANXING KECHENG HUODONG ANLIJI

主　　编：顾亚莉			
责任编辑：宋　悦		责任校对：赵鸣鸣	
封面设计：中联学林		责任印制：曹　净	

出版发行：光明日报出版社

地　　址：北京市西城区永安路 106 号，100050

电　　话：63131930（邮购）

传　　真：010-67078227，67078255

网　　址：http://book. gmw. cn

E-mail：songyue@ gmw. cn

法律顾问：北京德恒律师事务所龚柳方律师

印　　刷：三河市华东印刷有限公司

装　　订：三河市华东印刷有限公司

本书如有破损、缺页、装订错误，请与本社联系调换，电话：010-67019571

开　　本：170mm×240mm			
字　　数：278 千字		印　　张：16	
版　　次：2019 年 3 月第 1 版		印　　次：2019 年 3 月第 1 次印刷	
书　　号：ISBN 978-7-5194-4914-8			

定　　价：58.00 元

编　委　会

序

"大课程观下，一事一物皆教育。"的确，讲台无边界，校园即课堂，一切皆课程。在义务教育阶段学校(小学)课程改革的背景下，星海小学秉持关注每一个学生的不同需求，给学生一个自由发展的空间理念，充分发挥教师特长，引导教师因生制宜，因科制宜，积极开设短小精悍、趣味性强、富有特色的基于"学科＋"的拓展性课程活动，掀开了校本课程开发的新面纱。

"学科＋"的拓展性课程活动小而美，短而灵活，适应性强，开发成本低，草根性的特点更便于牢接地气。老师们针对学生平时具体学习需要，进行学科拓展校本课程开发，有结合学科知识探究实践的，有整合学科知识的，有联系生活实际的，有来自学生体艺爱好的……内容广泛，形式多样。"小立课程，大作功夫。"几年来，基于"学科＋"的拓展性课程活动绽放着学生生命的精彩，促进了学生素质的全面发展。

此刻，翻阅着这沁发墨香、集结着星海小学教师教育教学智慧的基于"学科＋"的拓展性课程活动的案例集，我们倍感欣喜，仿佛是挥汗于阡陌田间的播种者，手执沉甸甸的谷穗，喜不自禁，不由地回顾五年来的辛勤付出、艰难跋涉，成功与失败、反思与实践……文字中承载的意蕴太多。

一篇篇案例带给我们的是成长的记录、是吐故纳新的思索。一篇篇案例给我们带来一股清新的教改之风，也促使我们思考：着眼学生，整合学科，开发拓展性课程，撰写教学案例，不仅需要创新，更需要毅力、耐心和勇气。

　　心路的历程在岁月的风化中不留痕迹,需要用一种文字、一种形象、一种声音把这一切记录在纸上、屏幕上和广播里。今天我们把这些文字集中在一起刊出,是为了记录星海小学教师五年来的心路历程;是为了珍惜这来之不易的财富,加强优秀教育成果的交流与推广,让更多的人从中受益;更是为了感谢他们的辛勤付出,营造更加浓厚的教育教研氛围,鼓励更多老师积极深入地开展教育教学研究,让更多人养成创新、总结与反思的习惯,更好地促进教师专业水平提升,真正推动学校内涵发展。

　　非洲有句谚语这样说:一个人可以走得很快,但不可能走得很远,只有一群人才能走得更远。而我们的基于"学科+"的拓展性课程活动正带着学生在漫漫教育之路上快乐行走,它将在学校创建的"第二课堂"里,不忘初心,一直引领我们走向更远的地方……

目　录
CONTENTS

『语 文 篇』

『数 学 篇』

『综 合 篇』

语文篇

国学启蒙从"孝"开始

顾亚莉

一、课程背景

我们中华民族是古老的礼仪之邦,传统文化源远流长,博大精深。作为华夏儿女,传承中华民族的国学经典是我们每一所学校的神圣使命。实现民族振兴,培养一代新人,必须对儿童施以优秀的传统思想文化熏陶,进行国学启蒙教育,使他们能继承民族的优秀文化遗产,培养民族自信心和自豪感。"孝"是中华民族传统文化的核心,是中国人特有的一种文化表现,是使中华文明区别于其他文明的重大文化现象之一。同时,孝的本质是一种爱与敬的情感与行为,它是一切道德之本源。近三四十年来,随着商品经济的发展,许多人的价值观念也发生了变化。尽管现在人们已经较之过去有了更为雄厚的经济基础来孝敬老人,但很多人已经没有了孝心,孝敬父母是有力无心。"孝"遇到了前所未有的危机,孝道观念受到强烈的冲击。这些情况,在很大程度上污染了学生的道德观。

国学一词,较早见于《周礼·春官·乐师》:"掌国学之政,以教国子小舞",这里国学是指教育机构,或指教乐舞的机构。而"国学"一说,产生于西学东渐、文化转型的历史时期。现在,国人比较认同的说法是:国学,又称国故。狭义的是指以儒学为主的中华传统思想文化与学术。广义主要是根据胡适:"中国的一切过去的历史文化"的说法而拓展而成的一套特有完整的文化、学术体系。简而言之,国学,就是中国学,就是中国的传统文化。对小学生而言,国学教育,只能循序渐进,择要取精,不能同时全面并举。因此,国学启蒙是以"孝"精神为核心的传统文化的教育。

《语文课程标准》中也曾指出"语文课程对继承和弘扬中华民族优秀文化传统和革命传统,增强民族文化认同感,增强民族凝聚力和创造力,具有不可替代的优势。"同时,小学语文统编新教材中也增加了不少传统文化的内容。然而单靠唯一教材必定对中华传统文化的传承有一定的局限性。当然,新课标下语文课程资源的内容不仅包括课堂教学资源,还包括课外学习资源,它需要教师有意识地开发和利用,为学生构建一个开放的学习环境,引导学生认识到中华传统文化的丰厚博大。那么,五千年文明积淀下的很多文化遗产和教育经典,就是对儿童进行传承"孝"教育的绝佳教材。

二、课程规划

(一)课程主题

中华古诗文是我国古代珍贵的文化瑰宝。诵读古诗文,不仅可以让学生深刻感受中国古籍精辟语言的魅力,受益于古诗文的文学滋养,同时还能受到中华传统美德的教育,可谓是一举两得。几百年来,我们中华民族的祖先,一直坚信这样一个简单的道理:小孩在年少时(0～13岁),记忆力非常好,应该把前辈的人生经验、生活智慧记忆下来,牢牢地背记,并烂熟于心中。尽管此时他还不理解其深刻含义,但是先记住,好比牛先把草吃下去,有时机再反刍一样,孩子随着年龄的增长,理解能力也在增强,到了一定年龄自然酝酿发酵,必然有更深的理解和领悟。中华民族五千年的文明源远流长,"两汉经学、魏晋玄学、隋唐道学、宋明理学、明清实学"和"先秦诗赋、汉赋、六朝骈文、唐宋诗词、元曲与明清小说",经史子集,不一而足。那么,给我们留下无数智慧结晶的祖先在孩提时期都读些什么书呢?让我们循着古人成长的足迹,与他们一起启蒙,捧起《三字经》《弟子规》《百家姓》《千字文》《声律启蒙》……感受民族文化的博大精深,开阔学生的语文视野,提升学生的语文素养,灌输以儒家文化的精髓即"孝"的教育。

(二)课程理念

1.经典诵读,提高学生的语文素养;

2.国学品析,传承中华民族传统文化;

3.潜移默化,浸染先贤圣人的孝道。

(三)课程目标

1.诵读经典,通过熟读、背诵经典,体会国学经典中的韵味。

2.品析国学,通过赏析经典名篇名段,领悟国学蒙物中"孝"的意义。

3.感受到中华民族文化的博大精深,能聆听到古代圣贤语重心长的教诲,并能在实际中学以致用。

（四）课程内容

活动主题	活动内容	活动目标	课时安排
学之始	了解国学经典，会面国学蒙物。	1. 讲述古人求学历程，拉近学生与国学的距离，激发学习兴趣； 2. 了解"国学启蒙"课程学习内容，让学生对本课程学习有整体的概念。	1
学之初	学习《三字经》	1. 通过学习诵读，背诵、吟唱《三字经》的片段或全文； 2. 通过讲解品析，知道《三字经》中的典故，理解意义，初步感受传统文化的魅力。	6
"性"本善	学习《弟子规》	1. 通过学习诵读，背诵吟唱《弟子规》的片段或全文； 2. 通过讲解品析，理解《弟子规》的意义作用，体会"孝"之美。	6
"姓"相近	学习《百家姓》	1. 通过学习诵读，背诵、吟唱《百家姓》的片段或全文； 2. 通过讲解品析，了解自己姓的由来，以及中国"百家姓"的由来，初步激发学生对本民族的文化认同感。	6
习相远	学习《增广贤文》	1. 通过学习诵读，背诵《增广贤文》的片段或全文； 2. 通过"迷你小剧场"，理解古今格言、谚语的含义，再次感受传统文化的魅力。	6
学有终	汇报展示	学生通过朗诵、吟唱或表演的形式，展示在《国学启蒙》中习得的成果。	1

（五）课程实施

1. 开设年级：三年级。

2. 课时安排：每周一课时，六课时为一个专题，一共26课时，分上下两学期。

3. 活动形式：自由报名，诵读吟唱等。

4. 教学策略：

（1）创设情境，激趣诵读。

（2）教师范读，学生感受。

（3）学生自读，教师引导。

（4）小组合作，诵读比赛。

（5）熟读成诵，汇报展示。

（六）课程评价

1. 表现性评价：学生通过或朗诵、或吟唱、或小组合作表演的形式，展示在本课程中习得的成果。

2. 记录学习过程中学生的课堂态度(如课堂发言、合作交流态度等)和阶段性的阅读成果等。

三、具体课例:《声律启蒙——一东》教学设计

(一)活动目标

1. 使学生了解《声律启蒙》的音调特点,了解"对对子"的基本特征,增强学生语感。

2. 学生能带上节奏,找到韵味,想象意境熟练诵读《声律启蒙》"一东"的部分内容。

3. 通过讲解《声律启蒙》书籍特点,引发学生对古典文化的探索,激发学生诵读经典的兴趣。

4. 在一种典雅的国学氛围中受到熏陶,培养学生温文儒雅的气质,提高学生内在修养。

(二)活动准备

1. 教师:多媒体课件、音乐、相关书籍等。

2. 学生:回顾《对韵歌》,搜集相关资料。

(三)活动过程

播放《出水莲》音乐,静坐欣赏。

1. 师生礼仪展示,营造国学氛围,心平气和学国学。(出示课件:音乐响起)

师:上课 生:起立、鞠躬 师:请(还礼)

2. 趣联引入故事,激发兴趣,了解对联基本特征。

(1)师:讲故事——《纪晓岚讽对石先生》。

清代文学家纪晓岚自幼聪颖好学,兴趣甚广。他的私塾老师石先生是个非常古板的老私塾,晓岚对他很反感。

一天晓岚去喂养家雀,将砖墙挖一深洞,喂饱家雀后便将它送回洞内,堵上砖头,以防飞走。后来,被石先生发现,便把家雀摔死,仍旧送回洞内堵好,并在墙上戏书一联:细羽家禽砖后死;当晓岚再去喂家雀时,发现它已经死了。心里正在疑惑,忽见墙上有一对联,他断定这是石先生所为,于是续写了下联:粗毛野兽石先生。石先生见了大为恼火,觉得晓岚不该辱骂老师,于是手执教鞭责问晓岚。只见晓岚从容不迫地解释说:"我是按着先生的上联套

写的。有'细',必有'粗';有'羽',必有'毛';有'家',必有'野';有'禽',必有'兽';有'砖',必有'石';有'后',必有'先';有'死',必有'生'。所以,我便写了粗毛野兽石先生,如不应这样写,请先生改写一下吧。"

石先生捻着胡子想了半天,也没有想出满意的下联,最后无可奈何地叹了口气,扔下教鞭,拂袖而去。

(2)生:同学们这副对联里面有哪些对子呢,请你找找。

3.介绍《声律启蒙》书籍。

(1)师:大家听到这个故事都笑了,纪晓岚巧妙地用对联讽刺了石先生。他这么聪明和他从小就爱读书、爱积累知识是分不开的。在古时候啊,很多小孩子都会对对子,你们看,这就是他们小时候读的书——课件出示。一起读读(生:声律启蒙)。

(2)简单介绍这本书后板书。

这本书是车万育编写的,声——声音,律——音律节奏。这本书是专门训练儿童对对子、掌握声韵格律的启蒙书。这里的内容读起来朗朗上口、非常好听,你们想听吗?今天我们就来学习声律启蒙中的(一东)——板书:一东四:学习《声律启蒙》。

4.正字正音、发现韵脚、读出韵律。

(1)师:范读(课件出示)。老师给大家读一读,请看大屏幕,注意听清老师读的字音,找找声律的感觉。(师配乐范读)

(2)找特点

师:好听吗? 你感觉哪好听?

预设:

A.写的特别美。(你觉得哪句最美,读一读)

B.最后一个字重。

师相机:你说出了声律启蒙的一个特点。(板书:韵)每句话最后一个字的韵母都是一样的,这就是押韵。我们一起把最后一个字读一读。(生读)

这最后的一个字叫韵脚,文章押韵就会使人觉得像旋律般优美(板书:律)刚才我们说了,律就是节奏。

师:同学们一东押的什么韵啊? 二冬呢? 三江? 四支、五为……

这就是声律启蒙按韵分篇的特点。找到最后一个字就知道它押什么韵了。自己读读,体会一下。

C.字对着或者有节奏。

师相机:字数相对,你们看一个字对一个字,两个字对两个字。这是声律启蒙的一个重要特点(板书:相对)。不仅字数相对,它的内容也是相互关联的。看"来鸿"对"去燕"。来对去,燕和鸿都是(鸟),生自读(正音)

师:了解了声律启蒙的这么多特点,你想自己读吗? 注意读准字音,读出韵律。指读,一人一句。(纠正字音,节奏、韵律、字音)师:最后一句最难读,我们一起来读一读。(齐读)个体读和齐读。(节奏)

师:刚才我们说了要有韵律,那怎样读出"韵律"呢?(打节奏)师:你想怎样打呢?(生答:拍手、跺脚、拍桌子)师:韵律是美的,你拍的时候应该轻一些,美一点。

师:自己试一试,(用你喜欢的方式)打着节奏读一读。师:拍手一起来读出韵律。(生拍手齐读)

师评价:你们不仅读出了节奏,还读出了韵味,把每一句的最后一个字都读出味道来了,真棒!

5.了解内容、事物相对,讲解典故,激发想象,读出韵味。

师:这段文字的内容,有什么不明白的地方吗? 请大家自己看书默读、借助注释,把不明白的地方看一看,画一画,同桌互相说一说。

教师巡视。

预设:(1)裳

师:指裳衣,谁穿? 什么时候穿? 看诗句,你还发现什么了?(时间、地点)师:想象着画面,来读一读。(指名读、齐读)

(2)岭北:地名。还有那个地名?(江东)

(3)两鬓风霜:指哪个位置? 风霜是什么颜色? 为什么白了? 起得太早了,早到什么时候才能冻住两鬓呢?(凌晨3、4点)想象着读一读。最后两句连起来读。

师:这两句诗句一快一慢、一动一静别有一番韵味。再读一读。

(4)三尺剑、六钧弓。师:这和军事有关了,关于三尺剑还有一个小故事呢。

这是一个发生在很久以前的故事。传说是原始天尊创造了宇宙,开辟了修炼的先河,万年之后,他离开了这个世界。将自己一生中最珍贵的遗产留给了后人。那就是:十地、九门、八宝、七技和六兵。传说中六兵是宇宙的源头,拥有他们,等于拥有了整个宇宙。过了很长的时间,宇宙中产生了五族:仙族生活在阳光下,吸收阳光的能量,使自身拥有强大的力量,他们靠努力得到了十地和九门;魔族生活在黑暗中,吸收黑暗的能量,将身体改造成了各族中最完美的身体,他们得到了八宝和七技;人族、妖族、鬼族生活在大山中,用微弱的力量和强大的繁殖能力,守护着六种神兵。和平总是不会长久,力量强大的仙族和魔族,为了重新瓜分遗产,相互征战了几万年,将整个宇宙搞得天昏地暗。而且将战争推向人、妖和鬼族的地界。没有多久,大量的人、妖、鬼流离失所,只剩下一部分力量较强的智者依然带着这六种神兵东躲西藏。战争将要毁灭整个宇宙的时候,人族出现了一个人皇,名字叫作女娲,人们称她女娲娘娘。她用无上的法力将魔族和仙族封印在三界中极为狭小却有无限能量的两界中,让他们之间不能往来;她将力量十分弱小的其他三族留在最大的空间中让他们之间相互往来,繁衍生息;她收走了六种惹祸的兵器,将它们藏在三界中最隐蔽的地方,让它们彼此不能相合;她重新分配了原始天尊的遗产:仙界拥有瑶池、天宫,魔族拥有赤水、修罗世界;妖族拥有昆仑;鬼族拥有酆都;人族拥有终南、峨眉、武夷三座灵山和苦海;她将九门分给五族:仙族灵霄宝殿,魔族暗黑之源,妖族昆仑乱世,鬼族幽冥鬼蜮,人族一宫、一斋、一门、一派、一堂;她将八宝分给仙族两件,魔族两件、人族两件、鬼族一件、妖族一件;她将七种技能用文字记载,分别留在人界(即人、妖、鬼三族生活的那一界)俗世中。从此,三界和平,没有征战,各族繁衍生息,各司其职。女娲娘娘随后隐居到自己开创的世界中,安静地睡了。九门各自从世俗中挑选需要的人才,将门派发扬光大,努力探求世界的各种秘密。这种和平秩序维持了几万年,直到有一群人的出现,才使这个和平、安详的宇宙偏离了原先的轨道,向着不为人知的方向发展。

(师讲)相对着剑的是弓了。六钧弓什么意思?要180斤的力气才能拉开弓。想象着读一读。

(5)师生配合读,师生对读。

6.出示图片,进行联想、找到感觉,读出意境。

(1)同学们读的真美,让我仿佛看到了一幅幅画面。(出示图片)你能用最美的语言来描述你看到的情景吗?

(2)生描述。请你带着美美的感觉,好像身在其中的读一读。

你们用的词真美,用上一东里面的诗句吗?

你就在这美景中,读一读。(齐读)

师:你们读出了一东的另一特点(板书:意境)。想象着画面内容,而且让自己仿佛身临其境。

(3)像这样有意境的句子还有很多,请同学们带上韵味,找一找,美美地读一读这部分内容。

(4)指名读,齐读最后一句。

7.师小结:我们了解了一东的特点,不仅字数相对而且内容相关联。不仅有韵味而且有节奏,不仅有画面而且让人身临其境,让我们把这篇读一读,读出它的韵味、韵律、节奏,感受它的美吧。 自读——男女分角色读——齐读。

8.吟诵。

(四)游戏,提高语文的综合素养

1.二字对

七嘴——　　　　　　千山——　　　　　　争先——

千言——　　　　　　山清——　　　　　　七上——

天文——　　　　　　刮风——

师:看来同学们积累的四字词语很多,如果像这样把四字词语拆开来就成了两字对联、同学们可以多积累、就可以出口成章,成为小作呢。

2.四字对

福如东海——　　　　　　东西南北——

师:什么时候用?

3.趣填妙对:

山羊上山,山碰山羊角。咩——

水牛下水,水没水牛腰。哞——

男女对读。

4.回顾:其实我们还学过和对子有关的课文,说一说。

我们积累了大量古诗,有的古诗中也含有对子呢,有哪些? 试着说说。

(五)总结作业、拓展阅读,激发兴趣

师:通过我们今天的学习,我们发现《声律启蒙》不仅字数相对,而且事物相关联,不仅押韵还有旋律,还有意境非常优美的千古绝对,课下请同学们试着背诵。另外书中像这样的对子还有很多,请同学们自己找一找,读一读,相信你会有更多的感悟和体会。师生行礼后下课。

让童诗之花轻舞飞扬

——儿童诗的阅读与创作

舒晓萍

一、课程背景

中华民族是诗的国度,从上古歌谣、《诗经》《楚辞》到唐诗、宋词、元曲,再到今天的新诗,诗的传统源远流长。诗歌是中国文学发展史中最有生命力、最有代表性的文学体裁,诗的数量浩如烟海。重视小学儿童诗的教学,首先在弘扬民族文化、加强人文教育方面具有重大意义。

"全面提高学生的语言素养"是《语文课程标准》的基本理念之一。而现在的语文教学中却存在:教风盛行,忽略学生的自读体验,忽视培养语感。诗歌——它有着直率明朗的抒情性、流畅而优美的音乐性、参差不齐的形体美、天真活泼的趣味性等特性,而深得儿童的喜欢,对于他们丰富词汇、陶冶情操、增长见识、开发智力有着不可忽视的重要意义。儿童散文诗是开展文学欣赏教学的重要内容,也是儿童最喜爱的一种阅读材料。在散文诗教学的组织与指导中,教师能否采用适宜的教学方法和策略,高效优质地将散文诗所蕴含的内在信息传递给儿童,将直接影响着儿童对散文诗的理解、体验和感受,以及散文诗教学的教育价值的充分发挥。因此,如何组织和指导好散文诗的教学,对我们的语文课堂教学非常重要。

二、课程规划

(一)课程主题

新课标指出:"诵读儿歌、童谣和浅近的古诗,展开想象,获得初步的情感体验,感受语言的优美。"儿童诗是诗的一个分支,兼具诗歌性和儿童性。特级教师王崧舟曾经说过,儿童是诗,诗是儿童。一方面,它运用凝练的语言,借助诗歌的技巧和形式,使其富有韵律节奏感,极具抒情性和意蕴美。另一方面,它站在儿童的视角,描绘儿童的生活和情感世界,字里行间洋溢着童真童趣,更易引发儿童的情感共鸣。

儿童诗在丰富儿童心灵和情感、发展儿童审美能力和语言能力等方面有优越于其他体裁文学作品的功能和作用。在儿童诗教学中,教师应有意识地根据其内容培养学生学习的兴趣和良好的学习习惯。同时将儿童诗教学延伸到课外,推进学生的自主阅读中,以巩固和拓展课堂教学的成果。

（二）课程理念

"每一个儿童,就其天资来说,都是'诗人'。"这是前苏联著名教育家苏霍母林斯基的学生观。让学生学会欣赏、创作儿童诗,能够激活他们的想象,培养想象力和创新思维。他们的心灵也会受到诗意的熏陶,变得更加美好,童年的天空充满诗意的色彩。

（三）课程目标

1.通过儿童诗的阅读,体会儿童诗语言的美感和韵味。

2.通过儿童诗的品读、理解,使学生产生亲近诗歌、喜欢诗歌、热爱诗歌的情感。

3.初步掌握儿童诗创作的基本知识,最终达到丰厚人文素养的目的。

（四）课程内容

活动主题	活动内容	活动目标	课时安排
四季如歌	关于季节的儿童诗	通过阅读,体会儿童诗的美感和韵味。会简单地创作相关诗句。	两课时
我和我的朋友	关于朋友的儿童诗	通过阅读,体会儿童诗的美感和韵味。会简单地创作相关诗句。	两课时
我的动物朋友	关于动物的儿童诗	通过阅读,体会儿童诗的美感和韵味。会简单地创作相关诗句。	两课时
地球妈妈	关于地球的儿童诗	通过阅读,体会儿童诗的美感和韵味。会简单地创作相关诗句。	两课时
生活小烦恼	关于烦恼的儿童诗	通过阅读,体会儿童诗的美感和韵味。会简单地创作相关诗句。	两课时
说说爱	关于爱的儿童诗	通过阅读,体会儿童诗的美感和韵味。会简单地创作相关诗句。	两课时
我要长大	关于成长的儿童诗	通过阅读,体会儿童诗的美感和韵味。会简单地创作相关诗句。	两课时

（五）课程实施

1. 开设年级：二年级

2. 课时安排：每周一节

3. 活动形式：资料收集、阅读理解、品味语句、简单创作

4. 教学策略：（1）创设情境，激发诵读。（2）教师范读，学生感受。（3）学生自读，教师引导。（4）小组合作，诵读比赛。（5）熟读成诵，积累运用。

（六）课程评价

1. 表现性评价，可以让学生创编故事、制作绘本、表演儿童剧等评价方式。

2. 记录学习过程中小组成员的评议内容（如课堂发言、合作交流态度等）和阶段性的阅读成果等。

三、教程设计

1. 音乐联想：培养感知力与联想力。

2. 想象力培养：思维拓展训练，语言积累。

3. 经典分享：语言积累与启蒙。

4. 视听感知：感知觉、大脑、身心智能发展，美育教育。

5. 诗歌美学欣赏：语言积累与表达，美育教育。

6. 身心放松进入自我心智学习模式：该项学习不但对儿童的身心、情绪有很大的调整作用，而且有益于儿童长远的身心、个性健康发展，在用心组织的儿童心理学语言导言下，引导儿童进入自我心智学习，发现自我与外在世界的联系，培养儿童丰富的内视形象思维与强大的心智。欢迎各界老师、学校、教育机构联系合作、学习该项儿童心理学教学方式。

7. 诗歌创作与分享。

四、具体课例

（一）儿童诗写作指导

教学目标：

1. 感悟儿童诗的特点，能自主选题，发挥想象，创作简单的儿童诗。

2. 通过品读赏析，了解儿童诗的特点，培养学生丰富的想象力，初步掌握儿童诗的创作方法。

3. 激发学生创作儿童诗的兴趣，初步培养学生的审美意识，尝试用儿童诗的

形式表达自己的情感。

教学重点、难点：

1.让学生了解儿童诗的特点，并创设情境让学生尝试创作诗；

2.引导学生大胆想象，让童言自然地流淌，童心尽情地表达。

教学课时：一课时

教学过程：

1.故事导入

(1)同学们，在上课之前我先给大家讲·个故事。

那是一个寒冷的冬天，在纽约一条繁华的街上，经常可以看到一个双目失明的乞丐。那乞丐的脖子上挂着一块牌子，上面写着："自幼失明"。有一天，一个诗人路过乞丐的身旁，乞丐便向诗人乞讨。诗人说："我也很穷，不过我给你点别的吧。"说完，他随手在乞丐的牌子上改写了一句话。那一天，乞丐得到了很多人的同情和施舍。后来，乞丐又碰到诗人，便很奇怪地问："你究竟给我写了什么呢?"那诗人笑笑，念出了牌子上所写的句子："春天快要来了，可我却看不到它。"

(2)听了这个故事，你有什么启示吗?

同样一个乞丐，不同的表达方式，有着完全不同的效果。从中我们可以体会到诗句的力量，正是这诗意的语言："春天快要来了，可我却看不到它"让人们对乞丐产生了更多的同情。

(3)小结：诗歌是我国文学宝库中一颗璀璨的明珠，而儿童诗则是诗歌王国中最为自由的一种体裁，是诗歌王国里的小精灵，这节课就让我们走进儿童诗的世界，去亲近亲近这个小精灵，学写儿童诗。(板书课题)

2.自读《致老鼠》《爸爸的鼾声》

过渡：在大家的心目中，诗歌是那样神奇，那样美好，诗人是那么的了不起，下面老师想给大家介绍两首你们的同龄人写的诗，你一定会对诗产生不一样的感受。请同学们轻轻地打开书本，翻到108页，自由读读《致老鼠》和《爸爸的鼾声》这两首诗。

(1)指名读，谁愿意来读读这首儿童诗，(一生读)请你再来读读这段文字。同学们，听了她的朗读，你发现儿童诗和一般文章在朗读和写作形式上有什么不一样呢? (是的，儿童诗是一句一行的，文章是一段一段的，儿童诗读起来更有节奏感。)

(2)那就让我们女同学一起来读读这首朗朗上口的儿童诗吧。(女生齐读)读了这首儿童诗，你最大的感受是什么呢? 请你用一个词来说说。(对，老师跟你

们有同感,这首儿童诗充满了情趣。板书——充满情趣)

(3)诗中哪些内容给你留下了深刻的印象? 为什么? (是呀,可爱、懒惰、偷偷摸摸,这些都是老鼠的特点,诗人就是抓住了老鼠的这些特点,把它当作人来写,写得非常有趣。)

(4)这就是儿童诗的魅力,那么有趣,读起来那么朗朗上口。还想再读读其他的儿童诗吗? 请你再自由地读读《爸爸的鼾声》,(生自由读)

(5)老师请男同学一起来读这首诗。你觉得这首诗中最有趣的是什么? 为什么作者会把鼾声与火车联系起来呢?

(6)你最喜欢诗中的哪一句,说说你的理由。

(7)读了这两首诗,你受到了什么启发?

预设:我知道写诗并不是那么神奇的事,我们也可以学着写。写诗就是写平时生活中的一些事情……

(8)昨天老师布置大家去搜集自己喜欢的诗歌,现在让我们一起来分享一下你找到的诗歌吧! (请生读)

师:读了课文中的两首诗,再加上刚刚我们一起交流的。我们不难发现儿童诗有一些特点:(点击课件)

儿童诗的特点:

①诗是分行写的,每行都很短。

②经常运用比喻、拟人的手法。

③诗读起来常常琅琅上口,有时很押韵。

④诗必须有丰富的想象。

⑤诗能把平凡的事物变得活泼、有趣、动人。

(9)教师小结:我们的生活中处处有诗歌,只要我们有一颗童心,能够大胆想象,锤炼语言,就可以写出有趣的儿童诗。

3.想象训练,循序渐进

师:儿童诗也是一个孩子,他会哭、会笑,有时安静,有时胡闹。他是谁家的孩子呢? 他的父母叫"想象"! 在写诗之前我们先来一个想象力大考验吧! (点击课件:想象力训练营)

第一关:补充句子:打开窗,

让鲜艳的花瓣吹进来

让翠绿的树叶飘进来

让珍贵的鸟儿飞进来

让(   )的(   )进来。

预设:让活泼的青蛙跳进来

让缤纷的彩虹跨进来

让淘气的星星跑进来

让调皮的阳光躲进来

让袅袅的轻烟飘进来

让温暖的笑容飞进来

让丰富的知识渗进来

……

第二关:补充片段《我问》

我问美丽的鲜花,

怎样才能芳香醉人?

鲜花轻轻地回答:

敞开自己的心扉

……

4.尝试创作,步入诗意

(1)在刚才的训练中,我们的想象多了一些夸张,添了一些童趣,诗的意境就更浓了,听着同学们充满想象的表达,我觉得你们全是一个个小诗人,想不想自己动笔写一首儿童诗,当一回真正的小诗人?

(2)现在就请同学们张开想象的翅膀,根据老师在大屏幕上给出的参考主题从中选择你最感兴趣的自由创作,把你的奇思妙想写下来,也可以根据课件的背景图片想象作诗或自己拟题创作均可。课件出示老师给出的参考主题,并播放轻柔的音乐:

夕阳   落叶   星期天   假如   云

小猫   分数   童年   老师的眼睛

蝴蝶和小花   风是个自由的孩子   ……

(3)自由创作。

(4)边展示,边交流,边评改。

5.诗意绕梁

今天,我们展开想象的翅膀,用一颗纯真的心,拥抱童诗。尽管我们的小诗还显得稚嫩,还有许多不完美,但重要的是,我们已经播下了诗的种子! 最后,送给你们一首诗《我希望》作为本课的结束。

我希望/我可爱的孩子们/穿越习题的封锁线/来到童心湖畔/看风车旋转/听鸟儿歌唱/追寻青草叶上滚落的露珠/吮吸草根泥土的芬芳//我希望/领着你们这群小脚丫/在夕阳的牛铃声里/在嬉戏的小树林旁/一起观察古木新芽/一起奇思追云揽月/一起为梦想插上金色的翅膀/

(二)儿童诗《四季歌》教学实录

师:同学们,小草从地里钻出了小脑袋,花儿展开了笑脸,柔柔的春风开始在我们耳边低语。万物复苏的春天又到了。今天就让我们一起去感受一下诗歌当中春天的美景吧。(师有感情地朗诵)

《春 曲》

是谁为春天/唱了一支春曲呢?/小河说/去问吐芽的杨柳吧/杨柳说/去问衔泥的燕子吧/燕子说/去问复苏的大地吧/大地说/去问萌生的小草吧/小草说/去问温暖的春风吧/春风说/去问和煦的阳光吧/阳光说/去问勤劳的农民吧/农民说/去问傲雪的梅花吧/啊,是谁为春天/唱出最早一支春曲呢?

师:同学们,喜欢这首诗吗?

生:喜欢!

师:那么在你们眼中,美丽的四季又是怎样的呢? 朗读《四季歌》。你能用一个最具特点的事物、现象或你们的活动来概括吗?

生1:美丽的迎春花是春姐姐的头发。

生2:冬天,我们在田野里堆雪人、打雪仗多么快乐!

生3:在我眼里,荷花美丽的笑脸就是夏哥哥在和我们打招呼呢!

……

生:我可以把他们说的话都连起来,这样的话就更美了。

迎春花真美丽/春姐姐的头发长又长/荷花在微笑/是夏哥哥在哈哈哈。

师:(惊讶、赞叹)你真是太棒了。这就是一首诗吗! 谢谢小诗人给我们带来了这么一首美妙的童诗。同学们,你们也想成为小诗人吗?

生:(情绪激动)想!

师:你可以向这位诗人一样自己创作,也可以抓住四季的特点,仿照今天这首诗创作。比如说:你们都知道到了冬天堆雪人、打雪仗是一件快乐的事。我们仿照书上的这首诗就可以创作了。雪娃娃真可爱,他对冬爷爷说:"我是冬天!"

生:这容易啊! 我也会! 黄叶飞飞,他对冬爷爷说:"我是秋天!"

师:你们真棒! 同学们,开动脑筋,相信你们都能成为小诗人。

(接下来,教师让学生以《四季歌》为题写一首诗。下面这首诗是一位学生的

作品）

《四季歌》

柳树弯弯/她对太阳公公说:/"我是春天。"/

知了在树上唱着歌/他对大地说:/"我是夏天。"/

树叶飘落/她对人们说/"我是秋天。"/

腊梅花挺着腰/她骄傲地说/"我是冬天。"

扬缑城名人　爱家乡情怀

岑银钿

一、课程背景

缑城大地人杰地灵。在这片拥有悠长历史和深厚文化的土地上,成长起来的名人——柔石、潘天寿、方孝孺等不胜枚举。纵然时光流转,斯人已逝,但余音依然浩荡如初。他们的精神永存人间,让如今的孩子们去弘扬与传承他们的精神。

二、课程规划

(一)课程主题

学生能围绕"扬缑城名人,爱家乡情怀"这个主题,去搜集缑城名人事迹与参观实践来激发孩子传承他们的精神,进一步培养孩子热爱家乡的情怀。

(二)课程理念

《语文课程标准(修订稿)》中谈到:

1. 现代社会要求公民具备良好的人文素养和科学素养,具备创新精神、合作意识和开放的视野,具备包括阅读理解与表达交流在内的多方面的基本能力,以及运用现代技术搜集和处理信息的能力。语文教育应该而且能够为培养和造就一代新人发挥重要作用。为适应和满足社会进步与学生自身发展的需要,语文教育必须在课程目标和内容、教学观念和学习方式、评价目的和方法等方面进行系统的改革。

2.《课程的基本理念》章节中有一个理念:努力建设开放而有活力的语文课程。语文课程应继承语文教育的优秀传统,要面向现代化,面向世界,面向未来。应拓宽语文学习和运用的领域,并注重跨学科的学习和现代科技手段的运用,使学生在不同内容及方法的相互交叉、渗透和整合中开阔视野,提高学习效率,初步获得现代社会所需要的语文素养。

　　语文课程应该是开放而富有创新活力的。应当密切关注学生的发展和社会现实生活的变化,尽可能满足不同地区、不同学校、不同学生的需求,确立适应时代需要的课程目标,开发与之相适应的课程资源,形成相对稳定而又灵活的实施机制。

　　(三)课程目标

　　1.培养孩子运用多媒体电脑,上网搜集猴城名人的丰功伟绩的资料。

　　2.整理所搜集的资料,进行加工,编写名人故事并进行讲故事比赛,来锻炼孩子的胆魄与口头表达能力。

　　3.通过参观名人故居,亲身体验名人的生活与成长历程,写成参观记。还用小导游的身份来向参观者介绍名人故居。来提高孩子的写作能力与口语交际能力。

　　(四)课程内容

活动主题	活动内容	活动目标	课时安排
搜集猴城名人的丰功伟绩	上网搜集猴城名人的丰功伟绩资料	通过上网搜集猴城名人的丰功伟绩的资料,来了解名人,走进名人。	2
编写名人故事	整理、编写名人故事	培养孩子取舍材料能力,加工材料能力。	1
学讲名人故事	讲故事比赛	培养学生演讲的综合素养。	2
参观柔石故居	参观柔石故居	通过参观柔石故居,亲身体验柔石的生活与成长历程。	2
参观潘天寿故居	参观潘天寿故居	通过参观潘天寿故居,亲身体验潘天寿的生活与成长历程。	2
写参观记	参观柔石故居、参观潘天寿故居(选一题)	通过参观,让孩子按照参观记的写作方法来写文章,不断提高孩子运用语言文字的能力。	2
写导游词	《柔石故居》导游词	在学生参观柔石故居的基础上,结合网上搜集到的柔石介绍内容,按导游词写法习作,学会写导游词。	2
做小导游	介绍柔石故居	结合实践,培养孩子接待远方客人的礼节与他人大胆交流的能力,做到语言得体,接待热情大方。	1

　　(五)课程实施

　　1.开设年级:四年级

　　2.课时安排:共8个专题,一学期共14课时,每周一课时。

　　3.活动形式:自由报名,小班教学。

4.教学策略:搜一搜,编一编,讲一讲,看一看,写一写,做一做。

（六）课程评价

1.评价采用学分制。建立"讲故事大王卡""导游卡"分值达到70分为合格,100分的为"讲故事大王""优秀导游员"。

2.积分办法:(1)以搜集到的嵊城名人资料为依据,得20分;(2)能讲嵊城名人故事得20分;(3)能写参观记文章得20分;(4)能写故居导游词得20分;(5)能做小导游介绍故居得20分。

课例:学写柔石故居导游词

（一）活动目标

1.学习导游词的格式和写法,会写导游词。

2.培养观察与语言表达的能力。

3.体会"名人故居"的魅力,感受家乡宁海名人的历史和文化,激发孩子热爱家乡的美好情怀。

（二）活动准备

1.参观柔石故居。

2.教师撰写范文《黄山导游词》,制作录像短片。

（三）活动过程

1.创设情境,了解"导游词",理解习作要求。

(1)播放一段录像——黄山导游员迎接游客时的情景。

导游:"各位广东来的朋友,你们好!欢迎大家来到安徽黄山,我姓张,大家叫我小张就可以了。非常高兴今天能够陪同各位一起游览黄山。现在就让我们沿着黄山的路线开始游览,请大家跟我走。"

(2)谈话:录像短片中的小张是干什么的?

师:随着旅游事业的发展,导游员越来越多,已经成为一个非常重要的职业。导游员引导游客游览时的讲解词,称为"导游词"。(板书:导游词)刚刚同学们听到的那几句话,就是导游词的开场白,也称"前言"。(板书:前言)

今天,我们就来学习"导游词"的写法。(板书:学写)

谁来读一读这次习作的要求?

(3)演示文稿:出示本次习作要求。

指名读,认真听,说一说本次习作有哪些要求。

（4）教师讲解习作要求：

①确定自己要介绍的家乡名人故居。

师：同学们对嵊城名人故居已经有所了解。可以从中选择一处，作为自己介绍的对象。

②选取最有特色的内容向大家介绍。

③提示参观的注意事项。

师：可以适时提醒参观时的注意事项，或提出"当文明游客"的要求。

2．范文引路，学习写法。

（1）出示范文《黄山导游词》。

师：导游词的题目，一般都是景点的名称，这样可以使人一目了然。按照本次习作的要求，同学们可以选取景点中最有特色的内容写，不一定面面俱到，因此题目也可以是："×××导游词"等。

（2）学生自行阅读，思考：

①导游词有哪些内容？

②导游词在语言上、写作顺序上有什么特点？

（3）交流讨论，教师指导写作方法：

①导游词的具体内容，一般有前言、总述、分述、结尾四个部分。

前言，是导游员在陪同游客游览前，向大家表示问候、欢迎和自我介绍的话，如录像中小张讲的那几句，既简短、亲切，又有引出下文的作用。（例文中的第1自然段）

总述，是对旅游景点的一个总的介绍。（例文第2、3自然段）

分述部分是导游词的重点，要按游览顺序，对所选景观逐一进行生动、具体的解说，使游客尽情了解景观特点与民间传说。

结尾，在游览结束后，应对游览的内容作一小结，并向游客表示感谢和告别。（例文的最后一段）

（适时板书：前言、总述、分述、结尾）

②导游词的特点：内容真实，语言生动，按游览顺序叙述，适时对游客提出注意事项。

为了使导游词更加真实、生动、有条理，同学们应收集有关这个景点的资料。因为是向游客作介绍，所以引用的数据、资料必须真实，不能道听途说、添枝加叶。当然，涉及的一些故事、传说、笑话，可以另当别论。（板书：内容真实、语言生动、言之有序、适时提示）

3.运用写法,口头编写《柔石故居导游词》。

集体汇报、讨论。

教师分别请每个小组出一名代表,就"前言""总述""分述""结尾"部分进行口头作文。教师评点,适时组织全班学生讨论该怎样写。

4.教师小结口头编写中的问题,布置本次习作。

话说立夏

冯静亚

一、课程背景

立夏是农历二十四节气中的第七个节气,夏季的第一个节气,表示孟夏时节的正式开始,太阳到达黄经 45 度时为立夏节气。斗指东南,为立夏,万物至此皆长大,故名立夏也。立夏的"夏"是"大"的意思,是指春天播种的植物日趋直立长大。

晚春的树木枝叶已抽盛,至立夏郁郁葱葱,野外万物最为生机勃勃。

春花大多凋谢,梅桃杏李暗结珠胎,孕育着千子万孙。而此时开得最盛的则是橘柚柑橙与蔷薇的花,整个世界仿佛沉浸于香海之中。

立夏日的阴晴可测一年丰歉,民间认为立夏日下场雨最好,一年会风调雨顺,五谷丰登,不然庄稼会干旱欠收。有民谚:"立夏不下雨,旱到麦罢""立夏不下雨,犁耙高起"。

二、课程规划

(一)课程主题

学生能围绕"立夏"这个主题,发现、提出自己感兴趣的、想要研究的问题。

(二)课程理念

立夏来临之际,面对如此传统的节气,我觉得有必要让更多的人知道立夏,了解立夏的典故、习俗等。也想让更多的孩子在学习《立夏习俗》的同时真正感受到节气带来的魅力。以此增长学生的见识,拓宽学生的知识面,培养他们收集、处理信息的能力,同时又增强他们的动手能力和生活能力,加强学生交际能力和团结协作精神。

(三)课程目标

1.通过讨论、交流,对提出的问题进行分析、筛选、归类、提升,转化为小组活动主题:a 收集典故:收集立夏典故和立夏蛋来历;b 绘蛋:给蛋画上自己喜欢的图案;c 编织:给立夏蛋编织蛋络;d 撞蛋:班队课上举行斗蛋;e 习作《斗蛋那些事》,最后把宁海立夏吃的习俗和各种收集到的典故编进手抄报里。

2.学生通过发现问题、提出问题,并把问题转化为活动主题的这个过程,提高自身发现问题、提出问题的能力及意识。提高其语言表达能力、思维能力和综合能力。

层次	活动主题	活动内容	活动目标	课时安排
1	收集立夏典故	初步认知立夏的来历。	收集资料、周末去田野走走、看看。	1
中级	2.了解立夏蛋来历	具体认知立夏蛋来历有哪些?	试着去向父母长辈、向当地老农、询问、搜集资料。	1
	3.感受家乡的立夏节吃的习俗之美	真正感受到立夏节习俗魅力。	分享自己家庭立夏习俗活动。	1
高级	4.编制手抄报	把宁海立夏吃的习俗和各种收集到的典故编进手抄报里。	增长学生综合实践能力,培养他们收集、处理信息的能力,同时又增强他们的动手能力和生活能力,加强学生交际能力和团结协作精神。	2

(四)课程实施

开设年级:一、二、三、四、五、六年级。

(五)课程具体内容:见附件

(六)课程评价

采用及时课堂比赛评价。

附件:立夏典故

1.迎夏仪式

古代有"立夏之日,迎夏于南郊,祭赤帝祝融"的仪式。在立夏这天,古代帝王要率文武百官,君臣统一着朱色礼服,到京城南郊举行迎夏仪式,以表达丰收的祈求与美好愿望。

2.立夏称人

记得小时候这一天,道地院落架起一杆大秤称,这大称平时是生产队称柴米用的,上挂大钩,钩中放个大箩箩。我们一大帮孩子嘻嘻哈哈轮流坐上箩筐称秤。

大人看到瘦的孩子总会说"不要吃得猛,像夹蜢"。因为夏天有的孩子要"退夏",身体变弱,所以夏天忌讳称人。于是大人立夏称人时,56、59斤都吆喝成60斤,62、63斤吆喝成65斤图个吉利,希望孩子夏天不"退夏",长得更壮实。

相传"立夏称人"源于司马昭灭了蜀汉,刘阿斗沦为亡君。司马昭唯恐原属汉地臣民不服,就善待刘阿斗,封他为安乐公,并向蜀汉降臣当面称了刘阿斗,夸口保证刘阿斗生活优裕,体重只增不减,时值"立夏",于是立夏称人便流行于民间。

立夏蛋来历

传说瘟神嗜睡,直至立夏方醒,一醒来就散布病毒,特别会伤害儿童。女娲告诉百姓,每年立夏之日,让小孩胸前挂上煮熟的鸡鸭鹅蛋,可避免疰夏。因此,立夏节吃蛋的习俗一直传承下来。

其实是由于气候所致。立夏始,天气晴暖并渐渐炎热,许多人特别是小孩子会有身体疲劳四肢无力之感,食欲减退,逐渐消瘦,称之为"疰夏",是暑症之一。

而蛋形如心,吃了蛋能"拄"心,补助精神,俗话说:"立夏吃了蛋,热天不疰夏。"于是民间就盛行着"立夏吃蛋"的习俗。

立夏说吃一

挂蛋拄脚骨

1. 茶叶蛋

四五月份正值鸡鸭鹅盛产蛋的佳季。立夏头一晚,宁海乡间就会开始"煮茶叶蛋",人们一般会把鸭蛋、鸡蛋放入陈年红茶或茶末进行炆火慢煮。也有的放一些胡桃壳等"秘招",蛋壳便会慢慢煮成红褐色。村里向家家户户弥漫着茶叶蛋的芳香。

煮茶叶蛋时,添入一些佐料(茴香、桂皮、姜末、孜然、肉卤等,根据自己的喜好搭配)更有味道。鹅蛋一般不参与茶叶蛋行列。滚烫滚烫的茶叶蛋,蛋白被煮得实别别,香醇怡人。

2. 北大蛋

我的创意蛋,独家秘方:"北大蛋"。

从烤茶叶蛋中受到启发,烤鹌鹑蛋是孩子读宁海中学时的一道夜宵美食,后因儿子考上了北大,戏称"北大蛋",成了邻居、同学、朋友孩子中考高考时的吉祥美食。

我常给这些孩子们做上几回。味道香麻辣爽,孩子们都好这一口。

缤纷蛋络

立夏,把结实没碎的茶叶蛋网进"蛋络",或挂脖子上,或挂蚊帐边,或挂橱柜,形成一道道别样的风景。小伙伴之间凑一块互相欣赏,仿佛是一场"艺术品"交流会。

以下缤纷蛋络是学生露瑶妈妈,用彩珠与丝线串成的,成了我们班"迎立夏手工课"的样本。她巧手慧心地做了不下两百个分享给大家。她自豪地说:"凡是在路上或学校里见有小朋友戴这种蛋络的,都出自我手,这是我的原创。"

拄蛋比赛

斗蛋时,"八仙过海,各显神通",坚而不碎为赢家,"武功秘籍"还是有的。

画蛋

现代立夏日增添了创意"画蛋"活动,在小小的蛋身画上五彩脸谱、趣味漫画、雅致彩绘等。读幼儿园的小侄女是"哆啦A梦"的粉丝,把立夏蛋绘成偶像。爱之深,情之切啊!

立夏说吃二

胡桃肉蛋汤拄脚骨

记得小时候逢立夏节,一放学就屁颠屁颠回家,惦记着香喷喷、甜滋滋的核桃肉蛋汤。胡桃肉即核桃肉,长街土话,砸壳留肉,核桃壳用来烤茶叶蛋,有强肾之效。

"核桃"谐音为"祸逃",寓意甚好,图个吉利,而且核桃肉蛋汤滋补身体,那么它成为立夏节"拄脚骨"的美食,也不足为奇了。感谢我们的先辈用心之妙!

立夏说吃三

海蛳拄脚骨

海蛳这种玩意,现在价格不便宜。而在我们少年时代,海蛳布满长街海滩,只要挎上一个小篮子,不用多久就会装满。

海蛳外形酷似脚骨,又硬又坚,受人推崇。立夏时节,海蛳旺季,肉儿肥美,食之强骨、脚不酸、有劲儿。于是"海蛳拄脚骨"便成了宁海海边人的立夏美食。这盘炒海蛳绝对是一流的下酒菜。

立夏说吃四

蚕豆拄脚骨

采豆荚:立夏日,采豆荚。宁海乡村农田广阔,家家农户田埂地头都种点蚕豆,豆荚如一只只胖胖的蚕宝宝,新绿诱人。

品蚕豆

立夏,品尝蚕豆佳节。吃豆豆长肉肉,健胃壮骨,不愧为"立夏蚕豆拄脚骨"。"立夏不吃立夏饭,两只脚杠软咣咣",蚕豆糯米饭首当其选。

立夏说吃五

脚骨笋拄脚骨

立夏吃"脚骨笋",脚骨接硬好爬山。宁海山里间随处可扡到野山笋,我们把笋剥壳拍裂成扁形,再切成4厘米左右的小段,看上去就像脚骨的形状一样。"脚骨笋"一定要吃上一顿,脆鲜脆鲜的。

立夏说吃六

红豆饭拄脚骨

立夏节用红豆与籼米、糯米煮饭,滋补身体拄脚骨。亦有煮"五色豆饭"拄脚骨的。红豆主补气血,气血足,脚骨自然就有力道了。

立夏说吃七

青梅拄脚骨

立夏,青梅核已硬,果肉发厚,正可尝鲜。乡间村野庭院,青梅累累,望之两腮生津,咬上一口,瞌冲全消,脚骨健步如飞。海纳桦儿逗趣说:"酸一酸,宽一宽,三个黄梅抵个老倌。"

立夏相关话题

立夏绳

立夏这日,用五色丝线编成手绳,系小孩腕上,叫疰夏绳,又称长命缕。我记得孩子小时候就是在立夏这一日手腕系上串着"天不怕"贝壳的立夏绳,现在许多孩子改用细线串白银黄金的吊坠。

立夏忌讳

立夏节民间严禁家人坐在门槛,说是坐了门槛头,长年劳动脚骨酸。如果坐了一个,要求连坐七个,撤(音同土话"七")了不吉利。此习俗意在消除惰性,促进运动,不能因为天热越坐越懒,越懒脚骨越酸。

立夏养生

心通于夏气,是说"心"在夏季最为旺盛,功能最强。故立夏之季,情宜开怀,安闲自乐,切忌暴怒伤心。同时立夏节气温尚未完全回暖,时冷时燥,而人们常常衣单被薄,这时谨防外感。

立夏中午,我们会吃蚕豆饭,就是把蚕豆剥成瓣状、片状,加糯米煮成,有时候还加豌豆、洋芋艿。

煮的过程也简单:先是把这些东西在菜籽油里煎一会,在阵阵香气弥漫灶头间的时候,倒入淘好的糯米,然后柴片伺候。烧熟后过两三分钟,再洒把葱花、少许盐,蚕豆饭就此热腾腾地出锅了。

雪白的米饭、微绿嫩黄的豆瓣、三角形状的块块洋芋芳,再是碧绿碧绿的小眼睛似的豌豆,喷骨香的葱丝……是否还没捧上碗,心与胃一起激动了?可别噶,佐饭的材料在这一天必须得有"海蛳",说是海蛳能健脚骨。

海蛳现在也算是名贵小海鲜,而在我们少年时代,这种东西随便什么时候,挎上一个小篮,无须多久就会装满。爆炒时,放上蒜泥、酱醋、豆瓣酱、老酒,非常鲜美。不过,这小玩意得用嘴力吸,方可出肉。

尽管海蛳捡拾容易,晒谷子一样地铺满整个海滩。可是,母亲平常是不会烧给我们吃的,说是吃了这种东西,小孩子的饭量倍增,那时候,粮食紧缺呀。但在立夏这一天,还是允许我们美美享受的。

不仅饭桌上允许,就是饭桌外,也留一部分清煮的供我们食用,记得那一天,我们的袋袋里大张旗鼓,光明磊落地充塞着这种东西,而我们的牙齿与书桌都是吃海蛳的好工具。

那一天,课桌缝隙里都会有海蛳尖尖尾巴的痕迹,而我们的牙齿更是在那一天充满斗志,课余时间,喀喀嚓嚓响成一片……

学生习作:

斗蛋那些事儿

宁海县星海小学三　石栩铱

今天班队课上,我们举行了画蛋、撞蛋比赛!教室里热火朝天!

老师宣布好规则,我们就开始斗比了!我拿出自己最信任的蛋和同桌斗比。而我同桌拿出了那个特别大的蛋,我说:"你这个肯定是鹅蛋,千真万确!不公平!"我的同桌只好拿出另外一个蛋和我斗比。啊,不好,只听"咔嚓"一声。我的蛋尾部碎了。我不服,又和他比了蛋的头部。"咔嚓"我同桌的蛋,头部碎了,真的不知道谁该当胜利者。我觉得:我已经曾经当过蛋王,所以还是把这个机会让给同桌吧。接着进行了前后桌斗,我觉得我已经不需要继续比下去了,因为我的蛋……我的蛋……已经那个……那个了!我不再继续比了,已经在心安理得地吃碎的蛋了!经过两次的淘汰赛,我们第二组只剩我同桌潘宁阳和华筱丽。过了几分钟后,我们开始小组竞赛了。我的同桌和华筱丽正在激烈比赛,"加油!加油!"大家的呐喊声此起彼伏。我给同桌加油,希望他能凯旋回归!可是没过一会儿的工夫,我的同桌就被华筱丽轻松 ko 了! 四个小组决出了小组蛋王,我们就开始进行总决赛了——班级蛋王。第一组蛋王是伍晗睿,第二组蛋王是华筱丽,第三组蛋王是夏伟诚,第四组蛋王是徐嘉怡。第四组和第三组先斗,"蛋王加油! 蛋王加油!"教室里鼓劲声震耳欲聋。夏伟诚胜了。夏伟诚又和华筱丽斗比,华筱丽胜出! 华小丽又和伍晗睿比,华筱丽又赢了! 华筱丽就是这次的蛋王!

蛋王决出后,老师问:"谁的蛋络是家长编的,请上来展示!"有一些同学是家长做的,而且是非常精致! 老师又问:"谁的蛋络是自己做的,请站起来展示!"老师仔细观察后,拿起胡家豪的蛋络,说:"同学们,你们看胡家豪蛋络下面是没有打结,而是依旧用几条七彩线巧妙地收尾,看! 七彩线舒展着,而你们下面都是打结的。你们觉得这个妙,妙在哪里? 他是怎么编成的?"我仔细地看着,发现这几条线是和上面连着的,像继续在编蛋网,只不过不是相邻的编,而是面对面编。好聪明的编法。

其实在斗蛋前,老师让画了蛋的人,拿出蛋。老师都一一拍下来了。拍完,老师把手机放在电脑屏幕上。我们目不转睛地评看着每幅画面。当电脑屏幕上出现徐嘉柯画的蛋时。我们都说:"画得很好看!"老师说:"看它蛋上画的人物画得栩栩如生。瞧:绿色,就是蛋人的头发。"老师问徐嘉柯:"这个是不是双胞胎蛋人?"徐嘉柯点了点头。

这次撞蛋、画蛋比赛是多么有趣、热闹啊! 希望下次比赛比这次更有趣,更热闹。

弘扬传统节日文化

洪丽娜

一、课程背景

中华民族五千年的传统文化源远流长,博大精深。丰富的民族传统节日是中华民族悠久的传统文化,每个节日都有它的历史渊源、美妙传说、独特的情趣、丰厚的底蕴。随着时代的飞速发展,人们受西方文化的浸润,更注重西方的洋节,尤其是小学生在社会的影响下,知道西方的许多节日,对中国传统节日知道的却寥寥无几。

新的部编版小学语文教材已将"传统节日"编写在了教材中,我校也开展过不少制作节日美食的活动,还得到家长的支持,并积极参与其中。因此,为了拓展学生的视野,加深对中国的传统节日了解,体验中华民族的传统文化的丰富,结合本校实际设计了传统文化教育为主题的拓展性课程,旨在通过传统节日这个窗口,学习、继承和弘扬中华民族优秀的传统文化,提高学生的语文素养;在学生的灵魂深处,夯筑起民族文化殿堂的基础。

二、课程规划

（一）课程主题

弘扬传统节日文化

（二）课程理念

1.赋予时代内涵。要将传统文化深刻内涵和现代新思想相结合,在融合中发展,在发展中继承,以现代化、创新化的方式展现民俗民风,赋予大众普遍理解和接受的时代内涵,增强亲和力和感染性,激发人民构建和谐社会、同心共筑中国梦的气概和豪情,实现历史传统和时代精神的完美统一。

2.注重实践探究。课程设计要丰富形式,拓展载体,避免空洞讲述,贴近学生实际生活,注重启发性和实践性,让学生在探究中了解传统节日的由来、故事、习俗、发展、传承,积极探究传统节日所蕴含的饮食文化、民间艺术文化、诗词文化、娱乐文化等内容。

3.亲子互动体验。国家对许多传统节日安排了假期,家长是学生假期文化生活的关键指导教师。课程设计安排时要充分体现家长、学生共同参与原则。

4.课内外相结合。课前需提前搜集相关节日的资料,在课堂上互相分享、交流、学习;部分实践性课程要利用课外时间,安排在节假日期间完成。

(三)课程目标

1.通过课程的实施,让每一位学生了解中华民族各传统节日的渊源和内涵。

2.鼓励、倡导学生拓展学习与各传统节日有关的诗文,认识中华文化的丰厚博大。

3.通过画一画、写一写、做一做等活动,在感受各传统节日形象化、具体化的同时,传承这份宝贵的精神文化遗产。

4.培养学生多方面的实践能力,如策划能力、资料搜集能力、表达能力及动手制作节日美食的能力。

(四)课程内容

1.春节,是农历正月初一,又叫阴历年,俗称"过年"。这是我国民间最隆重、最热闹的一个传统节日。春节的历史很悠久,它起源于殷商时期年头岁尾的祭神祭祖活动。

2.元宵节,农历正月十五,又称"上元节",是我国一个重要的传统节日。由于元宵有张灯、看灯的习俗,民间又习称为"灯节"。此外还有吃元宵、踩高跷、猜灯谜等风俗。

3.上巳(sì)节,俗称三月三,汉民族传统节日。相传三月三是黄帝的诞辰,因此,上巳节也是纪念黄帝的节日,后来逐渐演变成水边饮宴、郊外游春的节日。近年来不少专家积极倡议将三月三日同时设为"中华圣诞节",以扩大黄帝文化和上巳节的影响。

4.寒食,清明节前一天,源于悼念介之推。

5.清明节,4月5日,是我国传统节日,也是最重要的祭祀节日,是祭祖和扫墓的日子。唐代诗人杜牧的诗《清明》:"清明时节雨纷纷,路上行人欲断魂。借问酒家何处有?牧童遥指杏花村。"写出了清明节的特殊气氛。

6.端午节,农历五月初五,是我国的一个古老节日。端午节源于纪念我国古代最早的爱国诗人屈原,形成了赛龙舟、吃粽子的习俗。

7.七夕节,农历七月初七。我国民间传说牛郎织女此夜在天河鹊桥相会,后有妇女于此夜向织女星穿针乞巧等风俗。

8.中元节,俗称鬼节,与除夕、清明节、重阳节三节是中国传统的祭祖大节,也是流行于汉字文化圈诸国的传统文化节日。中元节有放河灯、焚纸锭的习俗。

9.中秋节,农历八月十五,是赏月的佳节。中秋节还要吃月饼。

10.重阳节,农历九月初九,民间有在重阳节做茱萸代、饮菊花酒、举行庙会、登高等风俗。唐代诗人王维有《九月九日忆山东兄弟》一诗:"独在异乡为异客,每逢佳节倍思亲。遥知兄弟登高处,遍插茱萸少一人。"记载了当时的风俗习惯。

11.腊八节,农历腊月初八。这一天,旧俗要喝腊八粥。传说释迦牟尼在这一天得道成佛,因此寺院每逢这一天煮粥供佛,以后民间相沿成俗,直至今日。

12.冬至,是我国农历中一个非常重要的节气,也是一个传统节日,至今仍有不少地方有过冬至节的习俗。北方地区有冬至宰羊、吃饺子、吃馄饨的习俗,南方地区在这一天则有吃冬至米团、冬至长线面的习惯。各个地区在冬至这一天还有祭天祭祖的习俗。

13.祭灶节,是汉族传统节日,也被称为小年、谢节、灶王节、祭灶,一般都在农历腊月二十三或二十四附近。小年被视为过年的开端。据说每年年底,灶君、太岁神与民间诸神都要回天庭向玉皇大帝述职,尤其灶君会向玉帝禀告人间善恶是非,作为对人类奖惩报应的依据,故人们大多在此时奉拜家中诸神与灶君。

14.除夕,农历十二月廿九或三十(公历 1 月 22 日)。除夕人们往往通宵不眠,叫作"守岁"。除夕这一天,家里家外不但要打扫得干干净净,还要贴门神、贴春联、贴年画、挂门笼,人们则换上带喜庆色彩和带图案的新衣。

根据以上节日文化内容,由相应各年级制定活动方案,确定活动主题,选择活动内容。

(五)课程实施

1.开设年级:五年级

2.课时安排:节日前后一周时间。

3.活动形式:根据不同的节日文化特点,制定活动方案,在教师的引导下,开展系列活动。

具体包括以下内容:

以一个传统节日为一个学习单元,共分为 14 个单元,每个单元又分为五个阶段,每周安排 1 节课。

(1)我能搜。

搜集本单元要了解的传统节日的有关资料,了解它的形成、发展和传承。

(2)我能说。

了解与传统节日有关的民间传说、神话故事等,开展故事大赛。

(3)我能读。

搜集与传统节日有关的民谣、诗句,读一读,认识中华文化的丰厚博大。

(4)我能做。

通过画一画、做一做(如:包粽子、做汤圆等)、唱一唱等活动,感受中华民族传统节日的文化精髓。

(5)我能写。

写一写我们了解、经历的传统节日。

4.教学策略:充分发挥学生的主动性,利用网络资源,利用家长资源,重在培养学生的实际操作能力,创新能力。

(1)面向全体学生。"传统节日文化教育"——特色课程关注每一个学生的成长,尊重每一个学生的个性差异,让学生学会求知,学会做事,使每个学生都能获得满足个人需求的社会性发展。

(2)注重实践能力。以传统节日为契机,让学生动态地收集信息、讨论、调查,体验过程,学会综合地理解和运用知识,并尝试在体验传统节日的过程中传承中华民族优秀精神文化。

(3)鼓励探究学习。重视学习过程中学生的主体性、探索性和体验性,由质疑而探究,由自学加请教,由尝试加感悟,使学生真正成为学习的主人。

(4)突出生动愉悦。促进学生在丰富多彩和精神充实的传统节日实践活动中主动学习,获得学习成功的快乐,体验到身心和谐的美感和愉悦。

(六)课程评价

1.过程评价,评价学生的参与程度,动手能力等。

2.结果显示。制作视频,撰写文稿,在校园网、家长朋友圈上转发,交与他人评价。

评价遵循以下原则:

(1)重综合评价,关注个体差异,实现评价指标多元化。

(2)强调质性评价,定性和定量相结合,实现评价方法多样化。

(3)强调参与和互动,自评与互评相结合,实现评价主体的多元化。

(4)注重过程,终结性评价与形成性评价相结合,实现评价重心的转移。

三、具体课例:"月亮文化"活动课案例

(一)活动目标

1.通过了解月亮文化,进一步感受中秋文化。

2.通过多种艺术形式呈现月亮文化,培养对艺术的感受能力。

(二)活动准备

1.制定活动方案

2.分小组,多方面了解人们对月亮的情结。

3.集体活动,以多种形式,呈现月亮文化。

(三)活动过程

1.教师导入

欣赏乐曲《春江花月夜》。谈话:同学们知道这首曲子的名称吗?"春江潮水连海平,海上明月共潮生",一曲《春江花月夜》,曾使多少人为之倾慕。是的,月亮它空灵澄澈,明亮耀眼,总给人创造优美的意境,给人以无限遐想。古往今来,多少人为之追梦寻思。今天,我们也来做一个追梦人,来一回月亮探索之旅。好吗?"好!"大家回答得铿锵有力,看来同学们做好了充分的准备。相信自己,你们是这次旅程的主人。

2.活动开始

主持人:欢迎你们踏上月亮探索之旅,希望我们能共度这段美好时光。同学们为踏上这次旅程,准备工作为时20天,以月亮文化为主的研究课题分为了神话传说小组,精美语段朗诵小组,诗词赏析小组,名联佳对小组等。这些天来,同学们借助图书馆或上网查询资料,通过小组合作探究,都有了自己的绝活。首先有请神话传说小组。

(1)神话传说小组

讲述故事:《朱元璋月饼起义》《嫦娥奔月》等。

(2)精美语段朗诵小组(配乐)

朗诵者:诗人余光中的《中元月》

(3)诗词赏析小组

吟诵李白有关月亮题材的诗词,讲述李白相关故事。

(4)名联佳对

屏幕上亮出的是上联,请各小组任选一个,合作对出下联,要求对仗工整,每

一副对联中要有月亮的含义,并说出你们的理由。如:

　①月月明八月月明明分外

　②楼高但任云飞过

　③满地花阴风弄影

　④中天一轮满

　⑤天若有情天亦老

　⑥中秋赏月,天月圆,地月缺

（5）人类探月小组

观看人类第一次登月录像,以及配合图片,讲述我国航天成就。

3.教师总结

　　谢谢同学们作了这么精彩的主题汇报,同学们渊博的知识让老师受益匪浅,探索科学的热情也让老师深受感动。从同学们确立课题到小组合作,从上网查找资料到整理写出课题总结报告、制作幻灯及至今天的汇报交流,同学们各种能力都得到了提高。老师发现同学们学会了收集信息,提高了加工处理信息的能力,并学会了欣赏神话传说、诗歌词赋,也学会了阅读科普作品,更可贵的是尝试了通过现象看本质的科学探索方法。真正实现了学习语文并运用语文的目的,语文的综合素养得到了一定提高。在这一活动过程中,相信同学们感触很深,课后请把你的感受写在记录本上,也可写上你的建议。

快乐读写绘

秦彬彬

一、课程背景

童年是儿童成长中一段彩色的阶段,每一段需要不同的读物和不同的阅读方式。为了给予学生丰富生命体验的创造与表达,用阅读图画书、讲故事、用图画表达与创造相结合的方式,来唤醒一个个经典绘本故事,让它们无声无息地进入学生的灵魂深处。在学生的成长中,用绘本点燃生命的光,用故事串写成长的足迹。低年级学生识字少,语言表达还不够精确,但是想象力丰富,形象思维活跃。基于已经有了一定语言表达基础的低年级学生,开展快乐读写绘课程。它将阅读、情感、思维、表达整合为一体,通过阅读各种优秀绘本,以各种绘本读物的主题引导的方式熏陶学生心灵,让学生通过绘画,愉快地进行阅读,提高孩子的表达能力,提升思维能力。

二、课程规划

(一)课程主题

读讲绘本,画故事,说故事,激发想象力,提升语言能力。

(二)课程理念

1.读写绘有利于培养学生的想象能力。

2.读写绘有利于提高学生的语言表达能力,提升思维能力。

3.读写绘有利于培养学生的审美情趣。

(三)课程目标

1.通过老师讲故事.把学生引进故事的美妙境界,使学生爱上听故事。

2.借助绘本中的图画阅读,借助绘本中的文字阅读,借助绘本中的图文阅读,使学生爱上阅读。

3.通过学生画故事,说故事,发展学生的想象能力,提高其语言表达能力和思维能力。

（四）课程内容

活动主题	活动内容	活动目标	课时安排
读绘说	读绘本,画故事,说故事	通过读绘本,画故事,说故事,使学生喜欢阅读、喜欢表达。	15
读写绘	读绘本,画故事,写故事	通过读绘本,画故事,写故事,使学生有兴趣自行阅读绘本,有兴趣仿编故事、创编故事。	15
我的成果	展示成果	1.展出写绘作品集 2.演演绘本剧	2

（五）课程实施

1.开设年级:一年级

2.课时安排:5个专题,一学年30课时,一上和一下分别15课时,每周一课时。

3.活动形式:班级教学,亲子合作完成,特别是一上,由学生画、说,家长记录,推荐用讯飞软件。

4.教学策略:读一读,讲一讲,画一画,说一说,写一写。

（六）课程评价

1.课程评价采用等级制。

2.阅读存折存积分。

三、教程设计

1.生活主题

2.品格主题

3.人际主题

4.动物主题

5.自然主题

6.知识主题

四、具体课例:入学教育——图画书《大卫上学去》

教材分析:《大卫上学去》是大卫在学校学习规矩的状况。大卫的身边有了其他的小朋友,他必须得学会与别人相处,并且尊重学校里的规矩。通篇的大幅图画,来表现大卫在学校里种种不合规范的行为。大卫的造型既像是用几何形体拼接的玩偶,又像是孩子的自画像,生动、可爱。与《大卫,不可以》最大的不同是,在前一本书里,大卫唯我独尊、一个人胡闹;而在后一本书里,大卫的身边有了其他的小朋友,他必须得学会与别人相处,并且尊重学校里的规矩。

教学目标:1.初步认识图画书,初步喜欢看图画书。

2.初步了解新学校的一些行为规范。

3.让学生尽快适应新学校的生活。

教学环节:

(一)初感图画书

1.出示各种图画书的封面,学生齐读课题。

2.出示图画书的解释。

3.“之前你看过什么图画书呢?”“你最喜欢哪本?”

(二)感受图画书的魅力

1.出示《大卫,不可以》,齐读课题,并板书。

2.“这句话你的爸爸妈妈和你说过吗? 什么时候?”

3.“那么我们一起去看看,大卫的妈妈都是在什么时候对大卫说这句话的?”师与生一边欣赏,一边总结,并板书各个事件的小标题。

4.师小结。

(三)细读《大卫上学去》

1.大胆猜测,上学后的大卫会有什么变化?

2.“大卫的老师总是说‘大卫,不可以!’”“那你知道在学校哪些事是不可以做的吗?”(分成两类:上课时,下课时)

3.边欣赏边总结出不可以的做事并写在黑板上。

(1)上课时该如何做?

A.不迟到

1.出示图片

2.“你能说说大卫怎么了吗?”

3.“你在幼儿园的时候迟到过吗? 为什么迟到呢? 你有什么好办法可以不迟到吗?”

B.坐好,认真听讲,不能吃东西。

C.回答问题时先举手。

（2）下课后该如何做？

A.吃饭

1.出示画面,说说画面上画了什么？

2.谁做得对,谁做错了？

3.小结。

4.拓展:在哪些地方我们也要排队的呢？

B.上厕所

1.听故事《林晓琪救了我》

2."下课的第一件事？千万不能贪玩,要不然会和林晓琪一样的哦？"

C.如何与同学相处？

1."你有好朋友吗？你们之间吵过架吗？你们为什么会成为朋友呢？你会怎么对待你的朋友？"

2."班级里的每一个同学都会成为你的朋友,所以朋友之间应该如何相处？"

3."大卫与朋友之间发生什么了？"

4."如果是你,你会对他们说什么呢？"

5.小结。

（四）推荐阅读《大卫惹麻烦》

（五）回顾所学

小小编辑部

麻维维

一、课程背景

语文课程标准强调"语文知识综合运用、听说读写能力整体发展、语文课程和其他课程沟通、书本学习与实践活动紧密结合"。这种"大语文"教育观强调语文与生活同在,要求打破封闭单一的语文教育系统,建立开放式、多渠道、全方位的大语文教育体系。从目标、内容、手段等方面实现综合性学习,做到课内与课外相结合,校内与校外相结合,语文学科与其他学科相结合,为学生学语文、用语文开辟广阔的时空领域,全面提高学生的语文素质。而语文学科、美术学科、书法都是具有人文性特点的学科,它们之间联系密切,教学中若能沟通它们的横向联系,让它们有机整合,对提高三者的教育教学效果有很大的促进作用。"小小编辑——手抄报"这一拓展性课程,唤醒了学生的意识,培养了学生的学习兴趣,指导了学生向生活学语文的方法。它是学生获得知识信息,培养综合能力的有效途径,也是学生最喜爱的朋友。

二、课程规划

(一)课程主题

编稿组稿定稿 版设绘画书写

(二)课程理念

1.手抄报有利于激发学生浓厚的学习兴趣。

2."手抄报"这一活动能开阔学生的视野,开发学生的思维能力。

3.手抄报集"读、写、思、画、创"于一体,能有效培养学生的综合能力。

(三)课程目标

1.学生通过课外阅读中积累的知识,进行版面设计,根据内容添加图画,使版面图文并茂、活泼新颖,学生既陶冶了情操,又提高了审美能力和绘画技巧,书写能力。

2.通过对手抄报的编辑的实践活动,提高学生搜集资料、整理归类资料的能力,从而内化语言,创造语言,激发学习的兴趣。

3.通过造型视觉艺术去传播文化思想,利用优秀的文学作品(故事、诗歌、散文等)优美的语言与画、字结合,积极调动学生的思维,带着作品意境的整体印象,再联想,再遐想,由此培养想象力、创新意识。

(四)课程内容

层次	活动主题	活动内容	活动目标	课时安排
初级	书海拾贝	初步感知图文结合的特点	1.搜集和阅读资料。 2.初步了解图文结合的特点。	
中级	学习小报	能根据主题进行图文结合。	1.搜集和阅读资料。 2.了解图文结合的特点。 3.能根据主题进行图文并茂。 4.版面设计规范、整洁艺术插图:活泼流畅,色彩搭配协调,符合主题。 5.作品字迹清楚,书写工整,设计合理新颖。	
高级	手抄报	通过造型视觉艺术去传播文化思想,利用优秀的文学作品(故事、诗歌、散文等)优美的语言与画、字结合。	1.主题鲜明,版面设计规范、整洁。 2.内容要充实,选材健康向上,紧扣主题 3.作品字迹清楚,书写工整,设计合理新颖。 4.艺术插图:活泼流畅,色彩搭配协调,符合主题。 5.文章原创,图文结合新颖,视觉效果耳目一新。	
特高级	电子小报	利用信息技术搜集资料,版面设计,绘画插图,格式的设置,剪辑。	1.利用信息技术搜集资料,版面设计,绘画插图。 2.初步了解文本输入,格式的设置,搜索剪辑。 3.初步学会电子小报的整体布局的合理性,色彩的平衡性。	

(五)课程实施

1.开设年级:五年级

2.课时安排:4个专题,一学年共8课时。

(六)课程评价

课程评价采用星级制。

1.主题鲜明,版面设计规范、整洁。

2. 内容要充实,选材健康向上,紧扣主题。

3. 作品字迹清楚,书写工整,设计合理新颖。

4. 艺术插图:活泼流畅,色彩搭配协调,符合主题。

5. 文章原创,图文结合新颖,视觉效果耳目一新。

课例1:快乐"六一"手抄报

(一)活动目标

1. 搜集和阅读资料。

2. 了解图文结合的特点。

3. 能根据主题进行图文并茂。

4. 版面设计规范、整洁艺术插图:活泼流畅,色彩搭配协调,符合主题。

5. 作品字迹清楚,书写工整,设计合理新颖。

(二)活动过程

1. 准备阶段

主要是各种材料、工具的准备。具体包括:拟定本期手抄报的报名;准备好一张白棒纸(大小视需要而定,有半开,四开,八开等,本次我要求的手抄报是四开);编辑、撰写有关的文字材料(文章宜多准备些);书写、绘图工具等。

2. 编制阶段

这个阶段是手抄报制作的主要过程。大致为:版面设计、抄写过程、美化过程。

(1)版面设计:根据文章的长短进行排版,并画好格子或格线(一般用铅笔轻轻描出,手抄报制作完毕后可擦可不擦)。

(2)抄写过程:指的是文章的书写。手抄报的用纸多半是白色,故文字的书写宜用碳素墨水;字体宜用行书和楷书,少用草书和篆书;字的个头大小要适中(符合通常的阅读习惯)。字写得不是很漂亮不要怕,关键在于书写一定要工整。另外,还要注意不能出现错别字。

(3)美化过程:文章抄写完毕后,即可进行插图、尾花、花边的绘制(不宜先插图后抄写),将整个版面美化。这个过程是手抄报版面出效果的关键过程。

课例2:如何制作电子手抄报

(一)活动目标

1. 利用信息技术搜集资料,版面设计,绘画插图。

2.初步了解文本输入,格式的设置,搜索剪辑。

3.初步学会电子小报的整体布局的合理性,色彩的平衡性。

(二)活动过程

1.小学生手抄报版面的设计

主题图	主标题			
	文章一	文章二	文章三	文章四
	文章六		文章七	案例分析
文章五				署名

先要确定纸张的大小,然后在纸面上留出标题文字和图形的空间,然后把剩余空间分割给各个稿件,每个稿件的标题和题图的大概位置都要心中有数。同时要注意布局的整体协调性和美观性。

2.文本的输入

整体框架建立好后,就可以在相应的位置输入稿件的内容了。如果预留的空间小了,放不下稿件的所有内容,可以适当调整一下预留空间的大小,也可以对稿件进行适当的压缩。

3.格式的设置

在正文都输入进去之后,可以把标题文字和正文的字体、字号、颜色等进行设置,有些标题文字可以考虑用艺术字,正文也可以进行竖排版。然后在适当的位置插入图形,并进行相应的处理,如水印效果等,也可以利用绘图工具绘制图形,要注意调节图形的大小和比例,同时设置好环绕方式和叠放次序。

4.搜索剪辑

作为一份比较好的小学生手抄报,不但要有优秀的稿件,合理的布局,同时也要有合适的图片。一般说来,手抄报所配的题图,要为表现主题服务,因而图片内容要和主题相贴近或相关。

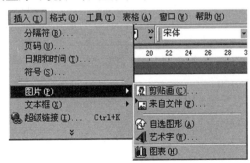

怎样才能找到合适的图片呢? Office 2000 的第二张安装盘可以帮我们忙。

如果您的硬盘空间足够大,可以将第二张盘完全安装,这样您就有了近万张图片可以选择。里面题材很丰富,完全可以满足我们的要求。

在小学生手抄报中插入所要的图片:单击"插入"菜单,选择"图片"项,单击"剪贴画"命令,弹出"插入剪贴画"对话框。

主题图	主标题			
主题图	文章一	文章二	文章三	文章四
主题图	文章六		文章七	案例分析
文章五	文章六		文章七	署名

我们在"搜索剪辑"文本框内输入想要查找的主题,比如"安全",敲一下回车,看,和安全主题有关的剪贴画全都找到了。单击滚动条看一下后面的图,再单击"继续查找"图标,翻到下一页。单击其中一幅图片(禁火标志),在弹出的工具条中单击"插入剪辑"按钮,图片就插入进来了。关闭"插入剪贴画"对话框,我们还可以对图片进行位置和大小的调整,也可以进行效果处理。

如果利用这一主题没有查到中意的图片,您还可以换个主题来查,比如"火""消防""防火"等。

5.小学生手抄报的整体协调

在文字和图形都排好后,手抄报基本上就完成了。检查一下文字有没有输错的,图形是否与文字相照应,重点文字是不是很突出等。最后注意一下整体布局的合理性,色彩的平衡性。好了,一份漂亮的手抄报完成了。

课程活动掠影

盒子里的小剧场

——彩泥与写作

陈彦秀

一、课程背景

彩色泥塑的制作最早可上溯到四千至一万年前的新石器时代。在历史发展的长河中,沉积于民间的泥塑工艺非常绚烂。与之比较的现代彩泥,无论从色彩效果还是材质特点,都存在着很大的共同性,并带有一定的文化传承性。"彩泥"这一手工艺术,对于小学生来说并不陌生。因为孩子们对"彩泥"都有浓厚的兴趣。"兴趣是最好的老师。"这是伟大的科学家爱因斯坦提出的。一个人一旦对某事物有了浓厚的兴趣,就会主动去求知、去探索、去实践,并在求知、探索、实践中产生愉快的情绪和体验。正因为如此,在教学实践中,坚持关注学生的学习兴趣,结合学校校本特色实际,充分开发校内外资源把培养学生兴趣贯穿于彩泥写作中。

"彩泥作文"教学法,将生活展示于课堂,为学生提供了写作素材,培养学生的写作情绪,顺应了人们通常写作的自然过程,有利于提高学生的写作兴趣,使他们写出真情实感。小学生由于年龄特征,对于动手的事物特别感兴趣。喜欢玩,喜欢无拘无束地表现正是他们的天性。

在"彩泥作文"教学中,将学生喜爱的彩泥和习作结合起来,用彩泥活动激活作文课堂,在捏彩泥中让学生用独特的童眼去观察,用纯洁的童言去表达,用稚嫩的童心去感受,释放他们独特的个性。使学生在玩中学习写作的技巧,在玩中体会游戏的收获与意义,在写中回想游戏的过程与快乐,这样学生作文也就有话可写,有情可抒,有感可发了。

"彩泥作文"有利于培养孩子的兴趣,使他们产生创造性的动力,同时在不断的学习和动手实践过程中,在不断将设计概念变为具体实物的过程中,增加他们的设计能力,培育他们基本创作力的直觉,成为日后创作力的来源。

"彩泥作文"有利于锻炼孩子的观察力,认识日常生活中常见的物体。通过制作过程,学会分解物体,懂得复杂事物都是由简单物体组合而来的,体会到物体间大小比例关系。

"彩泥作文"有利于培养孩子的想象力。小小的彩泥游戏中,蕴涵着学生无限的创意、大胆的构思、奇妙的想象。锻炼孩子的想象力、审美观、创作能力和空间思维力。尤其锻炼动手能力,最主要的就是活动手指开发大脑的神经。玩与学结合,最重要的是在玩中找到乐趣,也能享受到其中的过程。

二、课程规划

(一)课程主题

尝试用彩泥搭建小剧场,进行"彩泥作文"写作,拓展语文课堂。

(二)课程理念

"彩泥作文"的真正目的不是为了教儿童捏彩泥,而是要通过"玩中学""玩中写"促进语文素养的全面发展。

(三)课程目标

1.儿童亲身参与创作彩泥的过程,充分运用肢体语言、色彩、想象力,活泼快乐地学习,在力求创意、精致及感动的过程中,认识自我、开发自我。

2.在活动中注重合作探讨,发挥所长,培养合作能力。

(四)课程内容

活动主题	活动内容	活动目标	课时安排
彩泥动画欣赏	了解彩泥动画的基本要素	陶冶情操,净化心灵	一课时
彩泥练习	掌握彩泥的基本捏法	锻炼学生色彩、动手、语言、想象等技能	五课时
讯飞语记平板操作	训练讲口语转化为文字	提升口头表达能力,激发写作顺序	二课时
彩泥作文创编	搭建盒子里的小剧场(场景),小组合作编故事	提高学生的写作技能,提高学生的艺术想象力与创造力	二课时

(五)课程实施

1.开设年级:一、二、三、四

2.课时安排:每学期3课时

3.活动形式:分班教学,分组合作,分组展示等方式进行学习。

4.教学策略:捏一捏、学一学、演一演、评一评。

(六)课程评价

1.可从积极参与、大胆自信、合作能力、创新能力等方面对学生进行评价。

2.评价可采用学生自评、生生互评、家长参评、教师点评等方式,采用量化评价与描述性评价相结合。

3.记录学生在活动过程中的表现和成果展示中的表现,可采用过程性评价与考察性评价相结合。

三、具体课例

课题:定格动画与作文

教学目标:借助彩泥之人物场景编童话故事,训练思维,发展语言。

(一)谈话导入

彩泥社团的孙老师教我们玩了彩泥! 今天都带来了吗? 来! 都拿出来看看! 哇! 你的狮子活灵活现! 你做的刺猬还是彩色的呢! ……好漂亮啊!

今天我们就用这些彩泥编童话! 喜欢童话吗? 童话给你什么感觉? (写法:想象合理、拟人、有趣、道理)

对对对! 同学们说的都有道理!

(二)小组合作:编童话

第一步:搭建场景,每个人自己编童话。

第二步:运用讯飞记录。

第三步:选择讲的最好小组帮助修改。

第四步:上台展示。

分工提示:

组长1人:组织管理活动并记录

技术1人:操作平板

(三)小组上台展示

(四)定格动画

把做的彩泥拍下来,就变成了定格动画! 加上自己的文字,还能编成童话书呢!

课堂展示

学生作品展示

题目1:泡沫树的故事

作者:宁海县星海小学二(1)班　缪禹哲　吴筱悠

在一片蔚蓝的大海里,海水满盈盈的,浪涛像顽皮的小孩蹦来跳去。小章鱼一家人无忧无虑地住在海里。

有一天来了一只大螃蟹。他告诉章鱼一家人:"不好啦! 不好啦! 我们住的大海被人类的塑料袋污染了。"

章鱼妈妈一听,急得哭了起来,章鱼爸爸坐在一边不吭声。他想:该怎么办呢,塑料袋越来越多了,我们该住到哪儿去呢?

章鱼爸爸去寻求美人鱼的帮助,美人鱼送给他一些泡沫树种子,微笑着说:"给大海种上泡沫树! 泡沫树能吃塑料泡沫吐出新鲜的空气!"

"大家快来！给大海种上泡沫树！"章鱼爸爸兴奋地说，"泡沫树吃塑料泡沫，吐出新鲜空气！"大海里的小动物一听都跑来帮忙，一棵棵泡沫树种好了，大海变得和以前一样美丽！

题目2：龟兔友谊赛

作者：宁海县星海小学二(1)班　胡跃腾　陈佩洁

乌龟和兔子第一次赛跑后就成了一对好朋友。今天他俩手牵着手来到赛场，又要进行一次赛跑。"砰"熊猫裁判员发令枪响了，乌龟和兔子拔腿向前奔去。

前面出现了一座小山，对兔子来说爬山不是件难事，可对乌龟来说难如登天。因为乌龟身上的壳太重了，腿又那么短。他往山上只爬了没几步就累得直喘粗气，急得他像热锅上的蚂蚁，这时，刚刚开始往山上跑的兔子瞧了瞧乌龟，二话不说就把乌龟放到了自己的背上。就这样，兔子把乌龟背上了山顶。

下山时乌龟说："我当你的滑梯吧。"说着，他躺在地上，让兔子正在自己的肚皮上，滑下了山。

最后他俩一同到达了终点，熊猫裁判员高兴地说："你们在比赛中互帮互助，团结友爱，我给你们颁发风格奖。"乌龟和兔子听了，心里都美滋滋的。

题目3:自己的长处

作者:宁海县星海小学二(1)班　胡淇皓　邓雨晨

一个阳光明媚的早晨,在宁静的海洋里,一只大螃蟹和一只小章鱼在一起玩耍。大螃蟹身子红红壮壮的,身旁有两个大大的钳子,小章鱼的身子软趴趴的。

大螃蟹一看到小章鱼弱小的身子就特别想笑:"你看我的壳多硬,而且还有两个大大的钳子!看看你身子软趴趴的。!"

这时,一条鲨鱼张着血盆大口,游了过来,小张鱼一看急忙喷出了墨汁,挡住了鲨鱼的视线,他们很快就跑走了。

大螃蟹说:"对不起,我太小看你了,原来你这么厉害。如果不是你喷出的墨汁让我逃生,我们可能已经在鲨鱼的肚子里了。"

这个故事告诉我们,不能小瞧别人,每个人都有自己的长处,取长补短,才能让人更加完美。

诗中有画,画中有诗

仇 琪

一、课程背景

在低年级的古诗学习中,理解意境是学生最为困难的事。如何突破这一难点,引领学生学会学习呢? 古诗配画是一种有效的学习方法,因为"诗中有画,画中有诗"是我国古典诗词特点。它能让学生深入学习古诗,使他们在领悟古诗的同时激发出学习语文的兴趣。

二、课程规划

(一)课程主题

从学生的角度出发,用他们喜欢的绘画形式来理解诗歌,让他们插上想象的翅膀,描绘出诗中色彩斑斓的世界,使古诗充满诗情画意。

(二)课程理念

1.大声朗读有助于学生注意力的集中,加深对古诗的理解,并对短时记忆效果较好。

2.认真观察图片,思考图片和古诗的关系,加强孩子的观察能力,加深对故事内容的理解。

3.画图后再结合古诗进行比较,评评谁画得好,好在哪里。这样,将语文与美术整合,以"读—画—评"的流程引导学生由学会变为会学。

(三)课程目标

1.通过本堂课,让学生加深对古诗的印象和理解,并且背诵古诗。

2.通过有趣的图画和有感情的朗读,充分调动孩子的兴趣,运用孩子的想象,展示孩子的语言魅力,培养良好的语感。

3.培养孩子欣赏语言美和图画美的能力。

（四）课程实施

1.开设年级:二年级。

2.课时安排:一学年总共26课时,二年级上册与二年级下册分别为13课时,每周1课时。

3.活动形式:全班参与。

4.教学策略:生为本,师为辅,让孩子成为课堂的主人翁。

（五）课程评价

老师打分

三、教程设计

1.《梅花》

2.《小儿垂钓》

3.《登鹳雀楼》

4.《望庐山瀑布》

5.《江雪》

6.《夜宿山寺》

7.《敕勒川》

8.《村居》

9.《咏柳》

10.《赋得古原草送别》

11.《晓出净慈寺送林子方》

12.《绝句》

13.《悯农(其一)》

14.《舟夜书所见》

四、具体课例:《舟夜书所见》

（一）活动目标

1.通过本堂课,让学生加深对《舟夜书所见》的印象和理解,背诵古诗。

2.通过有趣的图画和有感情的朗读,充分调动孩子的兴趣,运用孩子的想象,展示孩子的语言魅力,培养良好的语感。

3.培养孩子欣赏美的能力。

（二）活动准备

1. 课件PPT

2. 教室提前布置好教室黑板,营造良好的活动氛围。

3. 学生练习朗诵古诗。

（三）活动时间

1课时

（四）活动过程

1. 课前导入

播放视频动画《舟夜书所见》:在优美的音乐中,昏暗的水天间缓缓驶来一条小船,船上一点莹莹灯光,随着小舟颠簸摇晃。这时,一阵微风拂过,水面泛起层层波纹,倒映在水面上的灯光碎成了零星的光斑,如同银河散落的星星。（画面定格在这幅图片上。）

2. 观察学习

（1）学生认真观察这幅图片,说说看到了什么?

学生:乌云,水,小船……

（2）阅读古诗《舟夜书所见》,你能把画中对应的事物找出来吗?

学生:月黑见渔灯;黑蒙蒙的天只能看到渔灯。

孤光一点萤:只有这孤单的一点光亮。

微微风簇浪:有微风吹过水面上有了波浪。

散作满河星:散作了满河的星星。

3. 重点句解读

（1）孤光一点萤:

师:在这个没有月亮伸手不见五指的黑夜里,只有渔船上的那一点亮光,多么孤独,多么明亮啊! 你觉得这渔灯的光像什么?

生:像星星,像萤火虫的光!

师:对啊,这个萤字就是说像萤火虫一样呢。

（2）微微风簇浪,散作满河星:

（出示两张图片）

师:对比有风的图片和没有风的图片,你发现了什么?

生:风来了水面就有了波浪。

生:渔灯的倒影也不一样了。

师:倒影变成了什么样?

生:碎了,变成了星星!

师:对啊,微风吹过来了,水面起了波浪,渔灯在水面上的倒影也变得支离破碎,就像天上的星星。

4.动手绘图,加深理解

(1)再读古诗,鼓励背诵。

(2)动手绘图,加深记忆。

(3)评选图画,学会欣赏。

"折"故事

——折纸与口语交际的结合

胡敏霞

一、课程背景

口语表达能力是现代公民必备的能力。培养学生的口语交际能力是素质教育的重要组成部分,是关注每个学生的身心健康发展的需要。课标要求3~4年级的孩子"能具体生动地讲述故事,努力用语言打动他人。"为了激发三年级孩子讲故事的兴趣,我们将折纸这一有趣的美术课项目引入口语表达的训练。

折纸活动是指利用普通的纸张,经过折、剪、画等活动来完成一定物体造型的一种美术活动。折纸活动取材方便,操作简单,生动形象,易学易做,它既能锻炼学生的手部肌肉,又能促进大脑的发育;内容丰富,有很强的趣味性,是经千百年来劳动人民不断创造而流传下来的。它体现了劳动人民的勤劳和智慧,具有独特风格和鲜明的个性。

让孩子折出故事的主人公,并编出一个小故事讲给大家听。这样的活动形式符合孩子好奇、好动的心理特征,激发孩子的创造力,最主要的是引导学生讲述自己编的故事。

二、课程规划

(一)课程主题

折纸是美术教学的重要组成部分,是运用手的技能和使用简单的工具对材料进行加工与创造的造型活动。通过学习趣味折纸、手工制作知识和技巧,掌握基本的造型规律与方法、提高立体造型的能力以及手、眼、脑协调活动的能力。

三年级的孩子有了一定的表达能力,又是一个爱好动手的年纪,将语文和美术课程有机地结合起来,"我手剪我心,我口说我心",因此将本课程定为"折故事",既锻炼孩子的动手能力,又锻炼孩子的口语表达能力。

(二)课程理念

现代社会要求公民具备良好的人文素养,具备创新精神、合作意识。

让孩子学会动手,学会动脑,培养孩子的想象力和创新思维,锻炼孩子的口语表达能力,学会小组合作,提高孩子的胆量,让孩子浸润在故事中成长,相信自己,建立属于自己的信心,为自己的童年增加一抹靓丽的色彩。

(三)课程目标

1. 了解有关的纸艺知识,自己动手,利用各种彩纸制作出绚丽多彩的纸艺作品装点生活,美化生活。

2. 培养孩子的想象力、创造力和口语交际能力,确定好自己的剪纸内容,并编一个有趣的故事。

3. 尊重学生的个体差异,注重对个体发展独特性的认可,帮助他们在学习中不断认识自我,评价自我,树立信心,拥有自信。

(四)课程内容

活动主题	活动内容	活动目标	课时安排
蝶儿翩翩	学折蝴蝶,并编一个和蝴蝶有关的故事	通过蝴蝶折纸的学习,培养孩子的动手能力,并让孩子根据所折的蝴蝶,编一个和蝴蝶有关的小故事,并讲给同学听。	两课时
鸟儿翱翔	学折鸟儿,并编一个和鸟儿有关的故事	通过鸟儿折纸的学习,培养孩子的动手能力,并让孩子根据所折的鸟儿,编一个和鸟儿有关的小故事,并讲给同学听。	两课时
花儿朵朵	学折花儿,并编一个和花儿有关的故事	通过花儿折纸的学习,培养孩子的动手能力,并让孩子根据所折的花儿,编一个和花儿有关的小故事,并讲给同学听。	两课时
小猫喵喵	学折小猫,并编一个和小猫有关的故事	通过小猫折纸的学习,培养孩子的动手能力,并让孩子根据所折的小猫,编一个和小猫有关的小故事,并讲给同学听。	两课时
丛林之王	学折老虎,并编一个和老虎有关的故事	通过老虎折纸的学习,培养孩子的动手能力,并让孩子根据所折的老虎,编一个和老虎有关的小故事,并讲给同学听。	两课时
参天大树	学折大树,并编一个和大树有关的故事	通过大树折纸的学习,培养孩子的动手能力,并让孩子根据所折的大树,编一个和大树有关的小故事,并讲给同学听。	两课时

活动主题	活动内容	活动目标	课时安排
可爱小兔	学折兔子,并编一个和兔子有关的故事	通过兔子折纸的学习,培养孩子的动手能力,并让孩子根据所折的兔子,编一个和兔子有关的小故事,并讲给同学听。	两课时
狡猾狐狸	学折狐狸,并编一个和狐狸有关的故事	通过狐狸折纸的学习,培养孩子的动手能力,并让孩子根据所折的狐狸,编一个和狐狸有关的小故事,并讲给同学听。	两课时
森林故事	根据以前所学,并编一个和森林有关的故事	通过之前的折纸学习,让孩子选择动物折纸,编一个和森林有关的小故事,并讲给同学听。	两课时

（五）课程实施

1.开设年级:三年级

2.课时安排:每周一节

3.活动形式:材料准备、动手制作、编故事、讲故事

4.教学策略:(1)创设情境,美感导入。(2)教师示范,学生折纸。(3)小组合作,创编故事。(4)表达展示,讲述故事。

（六）课程评价

1.表现性评价,动手能力和口语能力的评价。

2.记录小组成员的合作精神和态度评价。

3.阶段性成果展示。

三、教程设计

1.猜谜联想:培养联想力,激发孩子的兴趣。

2.想象力培养:通过以往的知识和语言积累,编创有自己个性的故事。

3.动手能力:学会耐心、细心,动脑动手。手脑并用,让孩子通过自己的口、眼、手,在亲自感知、观察、操作的过程中习得知识,感受耐心的力量。

4.口语表达:正确、有感情、大胆地讲故事。不仅要表达出自己的思想和情感,还要学会如何用语言去感染、打动别人。

5.小组合作能力:学会团结和相互帮助。集体的智慧不容忽视,通过这种学习方式,让他们学会取长补短,学会遇到问题大家一起商量,学会互相帮助,学会互相交流和尊重,让他们在合作学习所营造的氛围中了解合作学习的内涵,慢慢

养成合作学习的习惯。

6.尊重学生的个性:每个孩子都有属于自己的成长速度和成长节奏,尊重孩子的个性,即不要单纯拿这个孩子和那个孩子去比较,而是要学会观察、比较一个孩子的纵向发展。给予及时的鼓励和肯定,让孩子缓步成长。

四、具体课例:蝶儿翩翩

(一)活动目标

1.学习用正方形的纸斜角反复折叠成蝴蝶的造型,要求折整齐,并设计蝴蝶的花纹及涂色。

2.小组合作,根据所折蝴蝶编一个有趣的故事。

3.正确、大方、有感情地讲述这个故事。

(二)活动准备

1.分小组,四人一组围坐。

2.准备好纸、剪刀和彩笔等工具。

3.教师准备好上课课件。

(三)活动过程

1.导入

(1)猜谜语:

头上两根须,身穿彩花袍。飞舞花丛中,快乐又逍遥。

用谜语来让学生了解蝴蝶的样子,激发学生的兴趣。

(2)成品展示并询问同学的感受。

(3)回忆学过的关于蝴蝶的儿歌。请学生来念一念。

(4)教师出示课题:花蝴蝶。

2.新课呈现

(1)欣赏图片,找特点。

(2)讲解花纹:蝴蝶的花纹要美丽,颜色要漂亮,你们看!

(3)讲解对称:蝴蝶还有一个最大的特点!叫作"对称。"两边是一模一样的!

(4)出示范例,让同学来参照范例或者自己来设计蝴蝶的翅膀。

(5)教师边示范(播放视频)边教学:

①先拿出一张大的正方形,对折成一个正三角形,然后沿此三角形对折3次后敞开。

②敞开后见折痕,要求按折痕一正一反折好,放在边上备用。

③拿出一张小正方形纸,同大正方形同样的方法折好。

④两张纸折好后放在一起,中间扎住,两边拉开,成蝴蝶状。

(6)学生用多余的材料美化蝴蝶,师随机指导。

3.编故事

(1)小组合作,根据组员所折蝴蝶,发挥想象力,编一个故事。

(要求:有吸引人的情节,想象合理,可以参考曾经读过的童话故事,但尽量不要雷同,有自己的新意。)

(2)组员四人相互讲,并推荐一名组员讲述。

(要求:每位组员都会轮到上台演讲,把口语交际落实到每一个孩子身上。)

(3)学生上台表演。

(要求:上台的孩子声音响亮,一次比一次有进步。台下的孩子,当好安静、认真的听众,及时给予鼓励的掌声。)

4.讲评

(1)评价蝴蝶的制作是否认真、细致。态度的认真是首要的,不同动手能力的孩子,都能得到相应的评价。

(2)评价学生所编故事的内容。可以采取学生投票制,学生自评制,老师点评制。

(3)评价学生口述自己所编故事时的声音、情感和态度。看看谁的故事更加引人入胜。

以上评价以鼓励为主,特别注重个人相对于自己的进步。

5.展示

展出优秀作品,并给予进步大和表现好的个人以小星星的奖励。

育花育人

王静莎

一、课程背景

春季,走进星海小学,触目所及都是成簇成片的杜鹃花。这些品种不一的花儿或红或粉或白地竞相开放,热闹非凡,给校园增添勃勃生机,令人陶醉。

当你拦住一个孩子询问星海的校花是什么时,孩子总能响亮自豪地告诉你星海小学的校花是杜鹃花。可当你拦住一个孩子指着杜鹃花问这是什么花时,总有很多孩子被难住。

这不得不让人深思,我们的教育是否存在某种缺陷。现在的孩子越来越多地"两耳不闻窗外事",很少有机会去真正地接触自然,缺少一双发现、欣赏自然美的眼睛。

二、课程规划

(一)课程主题

孩子能围绕杜鹃花这个主题,发现、提出自己感兴趣的、想要研究的问题。

(二)课程理念

语文本身是一门极具审美性的课程,在识花过程中培养孩子的审美能力及其观察能力,增长学生的见识,拓宽学生的知识面,培养他们收集、处理信息的能力,同时又加强学生交际能力和团结协作精神。为孩子打开一扇接触和学习自然科学的窗口。

(三)课程目标

1.学生通过发现、提出问题,对提出的问题进行分析、筛选、归类、提升,转化为小组活动主题。

2.通过一系列实践活动,提升自己的观察、收集、处理信息的能力,促进自身发展。

3.在活动中,加深对杜鹃花的理解,增强对学校的认同和热爱。

（4）课程内容

活动主题	活动内容	活动目标	课时安排
1.我爱我的学校	初步认知自己学校的历史,校歌,校训,校花等。	参观校园,询问老师,采访校长,拍摄照片,收集资料。	2
2.我爱杜鹃花	真正感受到杜鹃花的魅力。	分享杜鹃花的照片、一起感受杜鹃花的美丽。	2
3.探究杜鹃花的花期及种植方式	利用各种渠道,搜集信息,进行归纳总结;学生亲自种植杜鹃花。	增长学生的见识,拓宽学生的知识面,培养他们收集、处理信息的能力,同时又增强他们的动手能力和生活能力,加强学生交际能力和团结协作精神。	4
4.写一写杜鹃花	根据观察、收集到的资料,写一写校园中的杜鹃花。	加深对杜鹃花的理解,增强对学校的热爱之情。	4

（五）课程实施

1.开设年级:五年级。

2.课时安排:分为4个专题,共12课时。

3.活动形式:小组交流学习,分组汇报、分组展示等方式进行。

4.教学策略:走一走,看一看,拍一拍,种一种,写一写。

（六）课程评价

1.采用积分方法:(1)以照片、视频为依据,有照片的得20分;(2)能说出自己的学校基本资料得20分;(3)能说出杜鹃花详细资料得20分;(4)有具体小组活动计划、过程的得20分;(5)作文优秀的得20分。

2.最后成果与过程质疑,加附加分。

3.汇编成册,平台交流,板报展示。

课例:杜鹃花之种植

(一)活动目标

1.通过观看录像,初步了解杜鹃花的种植方法。

2.尝试种植杜鹃花,提高同伴之间的合作能力。

(二)活动准备

1.学生事先了解种植方法。

2.种植需要材料:花盆、泥土、木棒、绳、小铲。

3.种植录像片断。

(三)活动过程

1.谈话引出课题,激发孩子兴趣。

2.观看录像,了解杜鹃花的种植方法和需要注意的地方。

(1)现在你知道杜鹃化是怎么种出来的吗?

(2)引导学生讲述种植的过程。

3.出示实物,分组进行种植活动。

(1)同组学生商量、确定用什么方法进行种植。

(2)选择适宜材料,共同进行种植活动。

(3)整理、打扫环境。

4.总结种植情况,并引导学生进行日常护理。

(1)制定护理轮流表。

(2)引导学生进行纪录。

"植"言"植"语

——科学种植园融合语文课程

俞云巧

一、课程背景

四年级语文第二单元要求"学会观察"一种植物,联系生活实际进行拓展学习。考虑到孩子在城区生活的圈子限制,在观察种植中学习劳动,学习大自然植物生长的奥妙,学会查资料与思考存在的原因,融合操作、设计、摄印、描述等能力,培养他们的心灵热爱劳动,寻找生活中的情趣,培养探索、负责的精神,综合各种能力,得到多方位的提高。

二、课程规划

(一)课程主题

劳动中学语文,培养观察力与美感。

(二)课程理念

1.种植拓展了语文学习的观察能力。

2.种植综合了学生的各项能力。

3.种植要带着思考与想象去践行。

(三)课程目标

1.通过种植,培养学生观察细致的步骤。

2.通过观察进行合理想象,找出新颖点。

3.通过种植,了解植物生长的特点,比较不同环境不同植物所具有的特点。

4.通过种蒜、孵豆芽、种菜、编图文小册、分享照片等实践活动,了解种植的不易与其中的道理。

5.激发学生对大自然生命的亲近,感受生命的意义与乐趣,感受模特植物在笔下生动如花。

（四）课程内容

1. 种植大蒜。

2. 孵豆芽。

3. 秋播菜苗。

4. 摄影比赛与配文。

5. 记录成册,交流会。

（五）课程实验

1. 开设年级:四年级。

2. 课时安排:国庆节假 8 天:种蒜、种菜。

3. 活动形式:四人小组交流学习,分组 Pk,分组汇报、分组展示等方式进行。

4. 教学策略:种一种,问一问,等一等,拍一拍,写一写,互相 pk 推新颖。

（六）课程评价

1. 采用分数等级制(观察日记形式,图文结合考核)。

2. 最后成果与过程质疑,加附加分。

3. 汇编成册,平台交流,板报展示。

三、教程设计

1. 国庆种蒜。

2. 跟着长辈学种菜。

3. 孵豆芽。

4. 汇集成册,喜展成果。

课例:汇集成册,喜展成果

（一）活动目标

1. 准备:经过 8 日长假的种植,人手一份观察资料。

2. 尝试编汇集,图文结合,模拟出册成书。

3. 分享交流,互相学习观察力、思考力,分享种植的乐趣。

（二）活动准备

1. 彩色(或单色)A4 卡纸 5 至 8 张。(已分卡记录观察内容)

2. 每天观察日记草稿与美照留忆,一一对应,人手一份。

3. 前后四人小组,有组长、汇报员、记录员等分工。

4. 学生准备颜色水笔、双面胶(或线装)。

(三)活动过程

1. 交流分享

(1)小组交流观察内容,找出精彩处。

(2)交流如何解决"质疑"的方法。

(3)交流汇集设计,互相出金点子。

(4)根据图文大美、自己精护的,评比高手。

2. 设计封面,精心包装

(1)夭折、不成功的种植,封面设计与选色插图的和谐。

(2)人人动手,图文并茂,搭配合理合情。

(3)用"云朵插话式"的方法,显示问题质疑。

(4)评比后的修正,添砖加瓦,封面设计与图文相符。

3. 分组推荐,交流观察碰撞

(1)推荐出场:每组一人讲述观察种植的新发现(本组成员可以补充)。

(2)用一句话评价各组特色。

(3)按 90、92、95、98、100、105、120 手牌亮分观察文字。

(4)为美编亮分:特优、优、优-、良、良-……

4. 板报师生一起设计展览

(1)扇面布局(争议后确定)。

(2)各本汇集挂板报上的色彩和谐(人人参与一张或一份)。

(3)鼓励大家阅览优胜作品,品评亮点。

5. 小结提升,感悟字理

(1)用一个词、或一句话表达自己对这次种植的收获(意想不到的乐趣、触动、小哲理)。

(2)质疑,展览作品中未曾出现的种植问题。

(3)反思,种植中自己观察、护理、有疑不解的情况。

(4)今后的日子里,会对种植怎么改进与创意。

低年级绘本阅读

星海小学　叶云霄

一、课程背景

《语文课程标准》对低年级(第一学段)学生提出:通过阅读浅显的童话、寓言、故事,向往美好的情境,关心自然和生命,对感兴趣的人物和事件有自己的感受和想法,并乐于与人交流。

根据课标的学段要求,我们确立"绘本阅读"作为阅读教学的拓展课程,企图努力"以儿童为本位,从培植儿童的阅读兴趣入手,以审美功能为主,娱乐、认知、教育功能并重,关注儿童心灵世界并着眼于儿童精神成长。"作为我们的课程选择的宗旨。

二、课程规划

(一)课程主题

以"快乐阅读"为理念,选择适合低年级儿童的绘本,开展多种形式的阅读活动。

(二)课程理念

《语文课程标准》提出:"培养学生广泛的阅读兴趣,扩大阅读面,增加阅读量,提倡少做题,多读书,好读书,读好书,读整本的书,鼓励学生自主选择阅读材料"。

(三)课程目标

以"快乐阅读"为理念,选择适合低年级儿童的绘本,开展多种形式的阅读活动,激发儿童的阅读兴趣,引领他们去欣赏、感知画面的美,并透过画面和文字去感受它们要传递的力量,读懂蕴含其中的道理,以获得心灵的滋养和生命的成长。在此过程中,让儿童初步学习正确的阅读方法,提高孩子文学鉴赏力,培养孩子的观察力、逻辑思维能力,提高孩子的语言表达能力。

(四)课程内容

根据《语文课程标准》提出的培养学生广泛的阅读兴趣,扩大阅读面,增加阅

读量的理念,结合法国著名文学史家保罗·亚哲尔的适合儿童阅读的好书的标准,确定"绘本阅读"课程内容的选择原则:

1. 忠实于艺术的书。就是诉之于"直观",而得以培养儿童观察力的书。是孩子们读了之后,也会觉得它具有质朴之美的书。

2. 可以解放儿童的心,使他们喜悦的书。这种书可以保护儿童,守住想象世界的幸福,避开现实法则的束缚。

3. 能把人类高贵的感情吹进儿童心灵的书,使儿童尊重一切生命——包括动物的生命、植物的生命、包罗万象的生命。

4. 承认游戏是重要的、不可或缺的活动的书。知性和理性的锻炼,并不是可以立即产生利益的,也不是能在实际生活中发生作用的。好的书应该不以立即的效果为目的,而且决不可把它当作目的。

5. 启发儿童知识的书,帮助孩子认识人性——人类心情的书。它们能促进孩子们旺盛的成长力,使他们的精神圆熟,绽开睿智的花朵。

6. 含有高尚道德的书。这种道德是永远不变的真理,能让人类的心灵活泼起来、激奋起来,愿奔向真理的道德。

学期	绘本模块	绘本例文	课时	备注
一年级（上）	描写长大经历的	《我太小,我不能上学》《一口袋的吻》《没关系,没关系》《长大以后做什么》	4	
	与孩子一起大笑的	《我的幸运一天》《好饿的小蛇》《母鸡罗丝去散步》《要是你给老鼠吃饼干》	4	
	体会爱、友情的	《找到一个好朋友》《云朵面包》《两棵树》	3	
	引导孩子快乐分享的	《石头汤》《五个小怪物》《小熊布迪和好朋友分享一切》《今天运气怎么这么好》	4	
一年级（下）	与母爱有关的	《我讨厌妈妈》《猜猜我有多爱你》《逃家小兔》《我的妈妈真麻烦》	4	
	关心帮助别人的	《城里最漂亮的巨人》《鼹鼠与小鸟》《弗洛格是个英雄》	3	
	自我认知自信的	《我就是喜欢我》《小蜡笔头儿》《我也可以飞》《你很快就会长高》	4	
	鼓励孩子想象的	《一颗超级顽固的牙》《想吃苹果的鼠小弟》《小真的长头发》《鼠小弟的小背心》	4	

学期	绘本模块	绘本例文	课时	备注
二年级（上）	描写长大经历的	《爷爷一定有办法》《我是霸王龙》《花婆婆》《弗洛格和陌生人》	4	
	与孩子一起大笑的	《小魔怪要上学》《小机灵鬼皮科》《是谁嗯嗯在我头上》	3	
	体会爱和友情的	《我有友情要出租》《鳄鱼爱上长颈鹿》《你看起来好像很好吃》《爱心树》	4	
	学习面对害怕与恐惧的	《我好担心》《绿眉毛的怪物》《维利床下的鬼》《小老鼠的漫长 夜》	4	
二年级（下）	面对各种情绪的	《生气汤》《苏菲生气了》《冬天的温妮》	3	
	与父亲有关的	《我爸爸》《我的爸爸真麻烦》《像爸爸一样》《比尔的圣诞礼物》	4	
	自我认知自信的	《小猪变形记》《他有点白》《我的名字克丽桑丝美美菊花》《我叫"不可以"》	4	
	引导体会生命意义的	《长大做个好爷爷》《小种子》《风到哪里去了》《鸟儿在歌唱》	4	
说明	"绘本模块"是对低年级学生阅读绘本的意义种类有了一个整体规划，也对各学期的绘本阅读提出了目标选择。	"绘本例文"是针对绘本意义种类提供的范例，教师根据模块可以灵活选择阅读内容。	根据阅读内容合理安排阅读课时。	

（五）课程实施

1.将本课程纳入课时计划,保证师资和时间。本课程主要由低年级语文教师负责实施。每周一节课排入课表,教师认真备课、制作课件、上课,确保达成预期的课程目标。

2.认真编写绘本校本教材。我校遵循制定的课程标准的要求,联系实际,因地制宜,经过多次实践、探讨,编写了绘本校本教材。

3.讲究教学艺术,提高课程实施水平。

（1）利用每节绘本课的时间,向学生推介一到两本优秀的绘本,或讲述一个简短而有寓意的绘本故事。

（2）让孩子在一段时间内,集中阅读同一主题的相关作品。

（3）推荐优秀绘本作家及其作品,让孩子自由阅读,将绘本阅读带入孩子的日常生活。

（4）将读、写、绘相结合,充分调动学生绘本阅读的兴趣。

（六）课程评价

1. 对课程开发的评价

我校结合课外阅读活动,将"绘本阅读"发展成低年级的校本课程。经过一年的尝试,在教师们的倾心引领下,孩子们经历了书香的熏染、爱心的浇灌、想象的舞蹈……推进了儿童阅读,促进了儿童和谐发展。

2. 对课程实施的评价

教师是绘本课程的具体执行者,充分调动他们的积极性是抓好校本课程的关键。为了使教师热衷于绘本课程的教学,我们把各班学生参加绘本阅读竞赛活动的成绩列入班主任、任课教师工作的考核内容,并同评选文明班级、先进个人、年度考核挂起钩来。

3. 学生学习的评价

我们注重学生对校本课程的学习过程,重视及时对学生进行评价,采用了如下评价方法:

（1）资料查阅法。每周通过《阅读记录本》来比比谁读得多,促进学生争当"小书迷"。

（2）活动评价法。开展协作阅读活动。倡导亲子阅读,用讲座、示范等形式培训家长,让父母和孩子协作营建书香家庭,共享阅读带来的快乐,在学生家庭之间建立协作阅读的良好关系;进行班级图书漂流活动,让学生经常人手一册,轮流交换阅读。在活动中评价学生阅读情况,促进学生语文能力提高。

（3）作品展示法。学生在广泛阅读的基础上有以各种不同形式表现个人阅读成果、独特感受的需要,有展示自己的独立发现的需要,教师要努力为学生提供展示的机会。充分利用好图书角、黑板报、学习园地、班报等媒体,满足学生的心理需求,及时展示学生课外阅读成果。通过作品展示评价学生的阅读成果,注重个性差异,使学生感受成功的乐趣,达到资源共享的目的。

对学生实施多元评价,既重视教师的评价,也关注同学的评价;既重视家长的评价,更关注学生自己的评价。增加评价的交互性,使其成为教师组织下的教师、学生、家长共同积极参与的交互活动。这样的评价全面、科学、客观,能更有效地促进学生开展绘本阅读。

学生绘本阅读发展水平评价表

项目	要求	等级			
		优秀	良好	合格	不合格
阅读数量	(1)本学段读10-20本童话、寓言、故事等绘本书或文字书。				
	(2)本学段完成不少于5万字的阅读量。				
阅读技能	(1)能在教师或父母帮助下学习默读。				
	(2)能借助绘本中的图画理解作品内容。				
	(3)能读一个完整的故事。				
	(4)能看懂绘本的意思,有条理地说出图的内容。				
阅读习惯	(1)喜欢阅读,对阅读有兴趣。				
	(2)对喜欢的绘本有反复阅读的要求。				
	(3)能专心阅读,不溜号。				
	(4)爱护书籍,保持书籍整洁。				
	(5)乐于把自己的阅读内容告诉他人。				
综合评定					

四、具体课例:《石头汤》绘本阅读教学设计

(一)活动目标

1.在阅读绘本的过程中,了解相关的背景知识,激发学生阅读的兴趣。

2.在品读绘本的过程中,引导学生进行独立阅读与思考,培养学生的想象力和说话能力。

3.通过阅读讨论,引导学生读懂故事,对故事及其中的人物做出自己的评价。

(二)教学重难点

从煮石头汤中悟出付出与分享使人幸福。

(三)活动准备

课件

(四)活动过程

1.介绍绘本

(1)师:同学们,你们发现老师手中的书与我们的课本有什么不一样吗?(生自由说)

师:是的,书中不仅有感人的故事还有精美的画面呢!我们把这样以图画为

主、文字为辅共同讲述一个故事的书叫绘本。

（2）师出示几本绘本书，让学生了解绘本知识。

师：今天老师要和大家一起读一本图画书，你们想读吗？这本书是一个关于"汤"的故事。师同时板书：汤。你们喝过什么汤？是用什么材料做成的？生答。但你们一定没喝过这种汤。师接着板书：石头。齐读题目，问：你有什么疑问？生答。

师：别急，接下来就让我们带着这些问题走进这个故事吧！

2. 激趣导入（课件出示无题的绘本封面）

（1）师：先来看看这幅图，说说你都看见了什么？并简单描绘一下。生：（自由答）

师：看来大家的想象力都挺丰富的，阅读绘本，就是需要这样大胆猜测，展开丰富的想象。

（2）师：这么有趣的故事书，有谁知道是谁写的吗？

简介作者：这本书的作者就是一位美国人，他叫琼·穆特。他创作的图画书获奖无数，深受大家喜欢。《石头汤》是公认的世界经典图画书。被美国纽约图书馆推荐为"每个人都应该知道的 100 本图画书之一"。师：下面就让我们一起分享这本绘本吧！

3. 讲授绘本

（1）师：仔细观察第一幅画面，这样的画面给你怎样的感受啊？生：（自由答）

师：好，孩子们，你们都有一颗敏感的心。（师读）

（2）教师读文字，随文理解：布施——施舍、给予，出家的人，把财物施舍给人，或帮助别人等叫作"布施"。好！现在你接着读。（生接读本段）

（3）师：孩子们，通过刚才这段文字你知道了什么？（生自由谈）什么使人幸福呢？我们不急于回答，继续看故事。

（4）认识村庄里的一些人。（课件出示第 3 页）

①了解村民的职业：

②仔细观察这些人物的动作和神态，你能感觉到什么？（生谈）

师：是啊，同学们都有敏锐的观察力，你很会观察，能抓住一个人物有针对性地来谈感受。（引导学生挖掘人物内心，找同他们各自的特点：自私、傲慢、冷漠。）

师：正是因为他们这样的思想，村里的人很少来往。

师：你想想看，如果阿福、阿禄、阿寿三个人来到这个村庄，可能会遭遇什么？（生猜测想象）

生接念第 9、10 页。

师:同学们,你们猜对了。阿福他们遭受到了全村人的冷淡。(引导学生观察屋顶上的小猫,一般情况下,小猫会很黏人,和容易和人亲近,但这里的猫都变得很冷漠,一点都不快乐。)那如果你们是三个和尚之一,这个时候,你会怎么想,又会怎么做呢?(生谈)

师:是啊,我们来看看阿福他们到底有没有离开呢?(继续讲故事)师:和尚没有离开,而是想用煮汤的方式让他们知道什么叫幸福。你们想知道这是怎么回事吗?别急,有一个人也想和我们一起去呢,老师告诉你,读绘本,可不能放过细小的部分,谁也想和我们一起看看煮石头汤?(小女孩)

师:对,她就躲在楼上,偷偷地看,看来,并不是所有的人都不爱搭理。她在想什么?

(生自由答)

分角色朗读

接读故事观察这幅画面,你发现了什么?

生:外面有很多人把窗户打开了。

生:他们对和尚的举动很好奇。

师:不但开了窗户,还有人推开了门,还记得和尚刚来时是一幅怎样的情景?

生:他们关紧门,紧闭着窗,都不让进。

师:这都说明什么?

生:我以为他们有了变化。

(5)续编故事。

师:石头已经下锅了。怎样才能使这普普通通的石头熬出美味的汤呢?请你猜一猜,和小组的同学说一说。

(6)展示故事。

①以接龙的形式指名学生继续读故事。

②比较:这个故事和我们编的故事有什么不一样?

③他们煮的真的是石头汤吗?还加入了什么?(盐、胡椒粉、胡萝卜、洋葱、饺子、豆腐、芋头、冬瓜、玉米尖、大蒜……)

这些各种各样的材料都是哪里来的?如果你是村民,你还会拿来什么让汤更好喝?

(7)师:和之前的村民相比,你发现了现在的村民怎么样?(生:大方、慷慨、无私,一个比一个付出更多;不再像以前一样只顾自己,东西拿出来大家一起分享了。)(板书:付出分享)

师:刚才故事讲到这里你明白了阿寿煮石头汤的用意吗? 此时此刻,你觉得这是一锅( )的石头汤?

(8)欢宴、欢庆环节

师:汤终于熬好了,你认为村民们会怎么喝?

生:自由发言。(出示课件展示欢宴的场面。)

师:桌子上只有汤吗?(出示文字)

师:大家把东西都拿出来和大家一起分享,他们成了好邻居。师:你觉得哪个词可以形容人们的心情?(快乐、幸福、高兴、开心)

(9)送别环节

师:时间过得真快,不知不觉中天亮了,和尚要回去了。观察画面风景,四人交流一下这时的村民与和尚们会说些什么?

4.对比升华

(1)故事讲完了,和尚们找到幸福了吗? 村民们幸福了吗?(幸福了)

(2)从哪里可以看出村民们幸福了?

(3)幸福是什么?"幸福就像煮石头汤那样简单。"

(4)交流:师:硬邦邦的石头,居然能煮成色香味俱全的美味汤。到底是谁的手艺这么棒能煮出这样的石头汤,是石头本身的缘故,还是别的什么原因呢?(指名回答)现在,你认为石头汤里除了这些看得见的材料以外,还有什么?

(5)小结:师:同学们,石头汤给村民们带来了一场盛宴,从此邻里之间和睦、幸福地生活着。如果阿福再问你,幸福是什么,你会怎么说呢?

(6)总结:是啊,幸福就是一起参与,你我付出,共同分享。幸福看不见摸不着,是一种体验,却可以和大家一起分享,一起拥有。

5.拓展延伸

(1)推荐好书:《石头汤》这本绘本,故事感人,画面精美,让我们读后回味无穷。其实琼·穆特的作品还有《尼古拉的三个问题》《禅的故事》我们今天的《石头汤》是爱心树系列中的一本。这个系列的绘本还有很多,希望大家课后静下心来读一读,一定让你受益终生的。老师愿同学们"多读书,读好书,好读书。"——冰心,享受书籍带给我们的无限快乐。

(2)作业自主餐(任选一题做)

①写作迁移:如果再有陌生人来到这个村庄,你认为村民们会有怎样的表现? 请发挥你的想象进行续写。

②合作表演:请你和同伴一起,动手制作一些小道具,排演儿童剧《石头汤》。

快乐童诗园

戴　榕

一、课程背景

以身体为中心的童年,一切课程始于身体,终于人格。人的成长,人的一生,是一个不断远离童年,还要努力回归童年的过程,我们的学习和成长只为守护永远赤子之心。诗歌,是对未来世界的向往,是为了生活而冲破游戏规则。童诗,是孩子们习得语言的最初,告诉孩子——他们是语言的继承人,创造者。为了给予学生丰富生命体验的创造与表达,我们用童诗唤醒孩子内心表达的渴望。用童诗点燃生命的光,用故事串写成长的足迹。它将阅读、情感、思维、表达整合为一体,通过阅读各种优秀童诗,以各种童诗的主题引导的方式熏陶学生心灵,让学生通过读诗,丰富想象能力,提升思维能力,敢于表达,勇于创造,做语言的继承者,破坏者和创造者。

二、课程规划

(一)课程主题

读童诗,品童诗,感受童诗的趣味,丰富想象力,激发创造力。

(二)课程理念

1.童诗阅读有利于培养学生的审美情趣和鉴赏能力。

2.童诗阅读有利于提升学生的思维能力,丰富想象能力。

3.童诗阅读有利于激发学生的创造力。

(三)课程目标

1.品读童诗,感受诗的有意思和有意味,爱上童诗。

2.聚焦语言,提升学生的思维能力,丰富想象能力。

3.尝试根据见闻创作童诗,激发自身的创造力。

（四）课程内容

活动主题	活动内容	活动目标	课时安排
童诗品读	读童诗,品童诗,说感受	通过品读儿童诗,感受诗的有意思和有意味,从而爱上童诗,喜欢阅读、喜欢表达。	15
聚焦语言	在比较中,发现写诗的技巧	聚焦语言,有兴趣尝试根据见闻创作童诗,激发自身的创造力。	15
我的成果	展示成果	1.展出童诗作品 2.童诗诵读比赛	2

（五）课程实施

1.开设年级:三年级

2.课时安排:5个专题,一学年30课时,二上和二下分别15课时,每周一课时。

3.活动形式:班级教学,穿插师生合作、生生合作完成。

4.教学策略:读一读,品一品,比一比,说一说,写一写。

（六）课程评价

1.课程评价采用等级制。

2.小星星积分制度。

三、具体课例

（一）活动目标

1.通过猜、思、读、想等多种方法激发学生阅读儿童诗的趣味,从而爱上童诗。

2.通过教师引导,同学合作,聚焦童诗语言,提升思维能力,丰富想象能力。

3.展开想象的翅膀,尝试根据见闻创作童诗,培养语言表达能力。

（二）活动准备

1.儿童诗集《风忘了回家的路》、中外童诗精选

2.PPT

3.诗册

4.文具

（三）活动过程

1.趣味谜语,导入童诗

(1)①样子像浓烟,变化万万千。雨雪是她生,能挡日和天。

②人走了,会散了。

谜底都是——云。

(2)给"云"组词,选其中一个词语写一个比喻。

【预设】白云像绵羊。

【预设】云朵像活泼机灵的小鱼。

【教师引导】有千万条小鱼在天上游,天就是小鱼的——家。

【预设】云像美丽的蝴蝶。

【教师引导】蝴蝶可能在干嘛?

【预设】白云像可爱的胖娃娃。

【教师引导】白云变成人了,你自己可能也在里面。

【预设】白云像棉花、一条打黑龙、凶猛的老鹰……

【教师小结】像绵羊越来越少了,那时因为小朋友们想象的翅膀越来越硬了,想象的翅膀有多硬,脑海中的画面就有多美多广。

(3)修改比喻句。

(4)引读诗人的诗:有一位诗人也写了关于诗的比喻句——彩云像一本书。

(二)品读童诗,激发想象

1.提问激趣:有问题想问吗?

彩云为什么像一本书呢?彩云上有字吗?都写了什么?

2.无限想象

谁在读呢? 大胆想象——

喜欢读吗? 大胆想象——

怎么读呢? 大胆想象——

3.揭示童诗

爱读书的风

坐在山顶上读

躺在海面上读

一边走着

一边读着

彩云这本书啊

风最喜欢读

（三）入情入境,品读童诗

1.入情入境集体读。

2.感情合作师生读。

3.精彩展示个人读。

4.对比赏析,锻炼思维。

（1）风会怎样地读彩云这本书呢? 出示改编后的童诗。

爱读书的风	爱读书的风
坐在山顶上读	坐在山顶上（聚精会神地）读
躺在海面上读	躺在海面上（津津有味地）读
一边走着	一边走着
一边读着	一边（争分夺秒地）读着
彩云这本书啊	彩云这本书啊
风最喜欢读	风最喜欢读

（2）你更喜欢哪首诗,为什么?

（3）诗人为什么不用上这些好词好句,他不知道这些好词好句吗?

（4）诗歌有诗歌的特点。第一,诗歌不能把所有的一切交给读者,很多需要读者进入诗歌去想象需要。第二,读诗不一定要聚精会神地读,坐在……躺着……走着……慢慢品味。

（四）童诗创作

1.引导写诗方法,激发写诗兴趣

诗人一点也不神秘,你们也可以做诗人。拿出自己写的比喻句,自己提出一问题,两个问题,三个问题,充分发挥想象,把它一行一行写下来。

2.出示彩云的图片,教师巡视指导

（五）作品展示

1.学生作品展示欣赏。

彩云

彩云像一本书,

风爱读,雪爱读,

太阳公公爱读,月亮婆婆也爱读,

大家都爱读,

彩云这本书啊!

大家都爱。

云朵在水面上跑,

在天空上跑,

一会跑得慢,

一会跑得慢,

跑啊跑啊,

他跑了累了,

汗滴一滴一滴地落在草原妈妈的怀抱。

……

2.教师作品分享欣赏

千万朵浪花,

在天上来来往往,

鱼儿发现,

天空才是思念的故乡,

她游啊游,

梦见自己在蓝天自由飞翔!

3.课堂小结

希望每个孩子能像鱼儿一样,在语文的天空自由飞翔。

(六)推荐雪野诗歌新作《风忘了回家的路》

诵读华夏文明

杨书姣

一、课程背景

中华传统经典文化是中华文明传承数千年的重要载体,内容博大精深,流传的经典浩如烟海,在小学深入开展中华传统文化经典诵读具有十分重大的意义。通过开展中华古诗文经典诵读活动,使学生在记忆力最好的时候,以最便捷的方式获得古诗文经典的基本修养,受到中华传统文化的熏陶,传承中华文明,发扬中华文明,提高文化底蕴,培养爱国主义精神。

通过诵读活动,让这些传统美德根植于小学生幼小的心灵,对于丰富学校德育内容,加强小学生思想道德建设和公民道德建设,培养学生的人文素养,具有重要的现实意义。经典文化内容丰富,文字精炼,体现了我国语言文字的高度凝炼性和表达应用技巧,对于促进学生全面发展具有不可替代的作用和意义。

二、课程规划

(一)课程主题

中国传统文化源远流长,博大精深,它是古老文化的精华,是中国文化和中华民族精神形成的基本根源,也是我们生生不息传播的瑰宝。通过开展经典诵读活动,弘扬祖国优秀的传统文化,加强优秀文化熏陶,提高学生的文化和道德素质,让孩子们从小就开始广读博览,日积月累地增长语言文化知识,潜移默化地形成优良的道德思想,并逐渐完善自己的人格,促进学生可持续发展。

(二)课程理念

《语文新课标》指出:"语文课程还应通过优秀文化的熏陶感染,提高学生的思想道德修养和审美情趣,使他们逐步形成良好的个性和健全的人格,促进德、智、体、美诸方面的和谐发展。"中华文化源远流长,古诗文是其中灿烂的篇章,弘扬传统文明是每一个教师的神圣职责,组织学生诵读经典诗文就是一个重要的途径。诵读是语文诗词教学的重要手段,要做到读正确、读流利、读得有感情。在有感情的诵读经典诗词中让学生感受古诗词的情感、获得解读诗词的重要手段。

（三）课程目标

通过开展"诵读"活动,为学生营造良好的阅读氛围,改善学生的阅读状态,激发他们持久的阅读兴趣,养成阅读的良好习惯,使阅读成为他们精神成长的需要,提高广大学生文化和道德素质,增强民族自信心和自豪感。

总体目标:

《古诗文诵读》校本课程通过诵读我国民族文化的精髓进行文学、思想的"积累和熏陶"。所谓积累,即,积累丰厚文化底蕴,传承优秀文化,弘扬民族精神;所谓"熏陶",即陶冶思想情操,形成健全人格,学会做人,为终身发展奠基。让学生能熟练诵读古诗词、理解全诗意、词意,并能运用于生活。

具体目标:

1.让学生了解我国古代一些著名的诗人及著名的诗句。喜爱古诗,能自觉朗读、背诵古诗,达到朗朗上口。

2.学生能够熟练地背诵所学古诗词并理解诗词中所蕴含的深意。通过古诗对学生进行爱国主义教育

3.通过诵读古诗词活动,帮助学生积累古诗词,充分感受古诗词的韵律美、语言美、意境美,提高学生朗诵古诗词的水平。

4.通过古诗词的阅读和欣赏,培养健康的审美情趣,提高审美能力。

5.学生能够在一定的情境中或者一定的场景中联想到相应的名诗。

6.积累大量的古诗。通过天天诵读活动,帮助小学生养成良好的行为习惯,心地向善,修养提高。培养学生持之以恒、百折不挠的意志和毅力。

（四）课程内容

周次（时间）	教学内容	教学策略
第一周	《所见》《寻隐者不遇》	反复诵读、配乐吟唱
第二周	《竹》《小儿垂钓》	反复诵读、品读解意
第三周	《菊花》《清明》	品读解意、感悟升华
第四周	《石灰吟》《元日》	品读解意、感悟升华
第五周	《墨梅》《鹿柴》	背诵积累、深化感受
第六周	《青松》《江上渔者》	配乐吟唱、积淀语言

周次(时间)	教学内容	教学策略
第七周	《幽兰操》《四时田园杂兴》	配乐吟唱、积淀语言
第八周	《咏桂》《送元二使安西》	品读解意、感悟升华
第九周	《芙蓉楼送辛渐》《村居》	故事导入、品读解意
第十周	《雨霖铃》《悯农》	配乐吟唱、积淀语言
第十一周	《雨霖铃》《池上》	反复诵读、品读解意
第十二周	《送别》《绝句》	品读解意、感悟升华
第十三周	《送友人》《独坐敬亭山》	品读解意、感悟升华
第十四周	《别董大》《宿建德江》	故事导入、品读解意
第十五周	《渭城曲》《秋思》	故事导入、品读解意
第十六周	总复习	联系实际、积淀语言

（五）课程实施

1. 开设年级：三上年级

2. 课时安排：每周 1 节

3. 活动形式：资料收集、阅读理解、品味语句、简单创作

4. 教学策略：(1)创设情境，激发诵读。(2)教师范读，学生感受。(3)学生自读，教师引导。(4)小组合作，诵读比赛。(5)熟读成诵，积累运用。

（六）课程评价

1. 班级"经典诵读"黑板报

2. "经典诵读"古诗文手抄报

3. 诵读之星评选

4. 每周评价

(1)日常评价：评价的时间是星期五早上。老师只要用一分钟，亲自考一个学生，会背了即算通过，即给他一颗星。每天由值周班长领诵。让他利用下课时间去检测组长，组长再去检测组内同学。不能通过检测的人，记下名字，交与老师处理。每周两颗星，集满五星即可换取大拇指一个，学期结束家里背书给老师次数最多的学生即为"诵读之星"。

(2)每学期评价：采用专项考核的方法给学生定级。考核内容为诵读优秀诗文（随机抽取两首）或片段。

(3)特殊评价：凡通不过组长检测者，由老师特殊处理。让他利用下课时间，

拿着书,补念约20或30遍即可,不管是否会背,也给他一星。

(4)弹性评价:根据学生需要,结合学校活动开展适时适度评价。

经典诵读要与各学科教学相结合,灵活安排,充分利用时间;校内向校外延伸,激励学生开展多种形式的诵读活动。在时间上灵活安排,充分利用零碎时间,寻找机会让学生多接触古诗文,多读多背从而多用,使古诗文诵读活动能够丰富学生的课外生活。

三、教程设计

1.诵读法。老师带念一遍,然后鼓励全班齐念、分组念、个别念、默念……采用多种形式,让学生读出声、形、情、味、神。想方法多听多念。背诵是一种很好的教育管理方法,背诵可以定心养性,培养学生的专注神情。有时让学生用手指着书上的内容默读、默背,背不出来再看书,自己找难点,反复默背,培养一种很好的学习方法和学习习惯。集体背、同座位对背、接龙背、拍着手背、比赛抽背、见缝插针地背……背诵要动嘴,纠正了发音,锻炼了语言表达能力;背诵要用耳朵听,提高了对声音的分辨能力,开发了左右脑的潜能。教学中可以加强范读,以便让学生读时有榜样、有兴趣、有信心。

2.理解经典诵读的意思。

3.多媒体网络学习法。利用多媒体声、光等刺激,利用互联网上的资源,开展生动活泼的教学。

4.活动学习法。把经典的诵读与学生的文艺表演、体育游戏等结合起来。如集体演唱,配乐背诵。

总之,经典美文诵读活动是对少年儿童进行道德品质教育的有效载体,有利于学生树立正确的人生观和道德观,本年度我们将把此项活动作为学校工作的重点来抓,以此活动为突破口,切实提高学生的素养,提升教师的专业素养,弘扬民族的文化。

四、具体课例:《寻隐者不遇》

(一)教学要求

1.能正确、流利、有感情地朗读、背诵课文。

2.学会本课生字,理解诗句中的词语,说说古诗的大概意思。

3.凭借语言文字,想象诗歌所描写的景象,体会诗人所表达的思想感情,感受诗歌的语言美和内蕴美。

（二）教学重点难点

1. 理解古诗内容，体会诗人所表达的思想。

2. 通过思索，想象诗中所描写的环境、心情，并反复吟诵、回味，理解诗人的言外之意，意外之情。

（三）教学设计

课时目标：

1. 学习体会《寻隐者不遇》这首诗采取问答体，写出山的高大幽深和行踪不定的隐士生活情景。

2. 有感情地朗读、背诵古诗。

（四）教学过程

1. 导入

（1）我们曾经学习过不少古诗，谁来背背？大家想想，我们以前是怎样来学习古诗的？

（2）导入新课。

2. 学习：《寻隐者不遇》

（1）初读感知

①出示古诗。

②初读诗歌，学习生字。指名读，齐读，读准生字。

③简介作者。

④解题。指名说说题目的意思。

（2）细读理解

①自由朗读课文，想想：这首诗里都写了些什么？主要内容是什么？

②指导理解。

A."松下问童子，言师采药去。" "松下问童子"告诉我们什么？由"言师采药去"可知道什么？还可以推测诗人问了些什么？

B."只在此山中，云深不知处。"

这是谁说的？由此推测诗人问了些什么？

从童子的回答中，我们可以想象到什么？（童子的语气、神态）

诗人听了童子的回答，想象一下诗人可能会做些什么动作？心里会想些什么？

(诗人听后的动作、神态,看到山的幽深……)

C. 指导朗读。

③感悟诗情。

A. 读完全诗,你们觉得作者所抒发的感情是什么? 请谈谈理由。

B. 学生自主思考,小组交流。

C. 讨论交流。

隐者沉醉于山林之中,诗人对隐者充满了敬意,也洋溢着羡慕之情。当然,由于"不遇",多多少少有些怅然若失,但观赏了山中美景,忘却了世俗的烦恼,心中更多的是兴奋。

④有感情地朗读、背诵古诗。

3. 作业

1. 朗读、背诵这首古诗。

2. 试着把这首古诗改写成一篇记叙文。

小小朗读者

华怡慧

一、课程背景

随着现代多媒体设备和智能手机的普及,阅读和朗读的形式正在悄悄发生着改变。你可以通过有声阅读 APP(例如:荔枝 FM,喜马拉雅 FM)提供的平台,将声音传播到更远的地方;而"听书"这种全新的阅读方式,也将打破原先陈旧的纸质书阅读形式,充分满足你的听觉盛宴。在这个新兴的时代,人人都可成为朗读的传播者和阅读的受益者。而随着"朗读者"等一类视听类朗读节目的诞生,全民的"朗读热潮"正迅猛而来。现在多元化的阅读方式,也为小学语文拓展性课程的开发设计提供了灵感。

二、课程规划

（一）课程主题

在多元朗读形式的熏陶下,学生逐步爱上朗读,学习并运用简单的朗读技巧,进而爱上阅读,享受阅读。

（二）课程理念

1.大声朗读有助于学生注意力的集中,加深对文章的理解,并对短时记忆效果较好。

2.有感情朗读可以让学生感同身受,更好地理解作者或者文章主人公的情感变化,增加学生语文素养。

3.将有声朗读与平常的阅读结合起来,可以使孩子们在朗读中获得阅读的快乐,让原本无声的阅读变得声情并茂。

（三）课程目标

1.通过上网搜集、整理有关朗读的文字视频资料,体会朗读的多样性及其魅力。

2.学习简单朗读方法,提高朗读能力,使学生初步掌握朗读文字的能力,并从而爱上朗读。

3.开展丰富多彩的朗读活动,为学生创造自我展示的舞台,激励学生在朗读时的信心,在听他人朗读时体会语言给人带来的魅力,从而爱上阅读。

(四)课程内容

活动主题	活动内容	活动目标	课时安排
朗读形式对对碰	广泛搜集朗读的不同形式	通过上网搜集、整理有关朗读的文字视频资料,交流体会朗读的多样性及其魅力。	3
走进名家,诵读经典	欣赏评析名家的作品	搜集朗诵艺术家们的优秀作品视频,每个推荐者做简单的评析,体会朗读的魅力。	3
名师出高徒	邀请朗读水平高的老师进班指导	每节课都邀请一位水平高的老师进行现场指导,学生在学习朗读技巧的同时,提高朗读的水平。	4
朗读入我心	争做每日晨读的领头羊	快速提高学生的朗读热情,提高学生们的阅读兴趣。	2
组建"经典之声"社团	学习各种朗读技巧	社团内成员以小组形式,通过视频模仿或请教老师,学习发音、走步、仪态等。	6
《快乐朗诵》主题班会	我要朗读,我爱阅读	让朗读扎根在每个学生的内心深处,在此处每一学生都能手捧经典,澎湃或轻柔地咏诵。	2
我跟家长的"朗读之约"	设计亲子共读活动	倡导亲子共读,引导家长与学生一起朗诵完整的朗读篇目,让家庭氛围更为融洽。	2
我的舞台	开展一场经典诵读大赛	开展经典诵读活动,进行朗读比赛。	4

(五)课程实施

1.开设年级:四年级

2.课时安排:一学年总共26课时,四年级上册与四年级下册分别为13课时,每周1课时。

3.活动形式:全班参与,分为8个小组,每个小组合作搜集各种资料,小组合作开展各种形式的活动。

4.教学策略:生为本,师为辅,让孩子成为课堂的主人翁。

(六)课程评价

课程评价采用三方评价方式,同学、家长、老师,分别用量评(打分)、质评(写评语)的方式。

三、教程设计

1. 朗读形式对对碰

2. 走进名家,诵读经典

3. 名师出高徒

4. 朗读人我心

5. 组建"经典之声"社团

6.《快乐朗诵》主题班会

7. 我跟家长的"朗读之约"

8. 我的舞台

四、具体课例:《快乐朗诵》主题班会

(一)活动目标

1. 通过本次主题班会活动,让孩子感受到校园生活的多姿多彩,通过投票选举"快乐朗诵星",培养孩子的小主人翁意识。

2. 通过有感情地朗诵经典,充分展示孩子的语言魅力,培养良好的语感。

3. 引导孩子和书交朋友,拥有更多的知识。

(二)活动准备

1. 教室提前布置好教室黑板,营造良好的活动氛围。

2. 学生练习朗诵的经典。

(三)活动时间

(四)活动过程

1. 老师宣布本次班会活动的内容:

孩子们,我们已经进行朗诵活动很长一段时间了。瞧! 在这段时间里我们不仅学习了朗读的多种形式,更加掌握了一些朗读的小技巧,真棒! 今天的班队课,我们开展一次快乐朗诵会,希望孩子们勇敢地走上讲台,秀出你们的精彩!

2. 中队长宣布比赛规则及评比要求:

(1)依次请一小组到四小组的学生上台朗诵。

(2)朗诵前,要先报朗诵的题目。

(3)未朗诵的孩子争当文明的观众,当学生朗诵要鼓掌。

(4)台下小观众对优秀的朗诵者进行举手投票,由中队长和班主任一起数票并统计。

3.宣布"快乐朗诵会"开始:

在比赛过程中,教师要及时表扬朗诵较好的孩子。对于纪律较差的孩子要进行教育。

4.公布比赛结果:

根据孩子投票的结果,选出"快乐朗诵星"数名,名单如下:

5.交流比赛的感受:

孩子们,看到同学们精彩的展示,你想说点什么?

指名说。

6.班主任做总结:

亲爱的孩子们,看到你们勇敢地走上讲台,快乐、自信地朗诵经典,老师真高兴!告诉你们一个小秘密:如果大家能和书本做朋友,你们会拥有更多的知识呢!

7.宣布本次班会活动结束。

当课文遇见戏剧

王丽洁

一、课程背景

儿童戏剧是指用语言、肢体、表情等表现的一种表演形式,是轻松、愉悦、有情节、有故事性、有理念的表演,它本来就是儿童文学的重要组成部分。宋庆龄曾说:"儿童是国家未来的主人,通过戏剧去培养下一代,提高她们的素质是最有意义的事情。"从儿童文学故事入手,更容易贴近孩子的生活,引发他们的思考,所以在语文教学的同时,精选合适篇目,运用创作性戏剧来帮助孩子理解内容,是一举两得的做法。

当然,我们必须明白,任何将戏剧运用于教育的教学模式都没有优劣与对错,都是由于孩子们的需求和社会经验不同而产生的独特选择。在综合学科尚未完全成熟,传统学科痕迹较为鲜明的环境下,以"戏剧特质"比较明显的模式进行教学,可能更容易被孩子接受。

二、课程规划

(一)课程主题

尝试戏剧表演,拓展语文课堂

(二)课程理念

儿童戏剧的真正目的不是为了教儿童演戏,而是要通过儿童戏剧活动促进语文素养的全面发展。

(三)课程目标

1.儿童亲身参与创作戏剧的过程,充分运用肢体语言、声音、表情、想象力,活泼快乐的学习,在力求创意、精致及感动的过程中,认识自我,开发自我。

2.通过戏剧的表演,深入探究文本,对课文进行大胆的想象,合理的探索,培养实践能力与创新能力。

　　3.在活动中注重合作探讨,发挥所长,培养合作能力。

　　(四)课程内容

层次	活动主题	活动内容	活动目标	课时安排
初级	童话故事	以教材中的童话故事来创作戏剧	1.掌握童话故事的整体内容; 2.进行语气表情等方面的练习; 3.激发学生喜欢表演、喜欢参与的欲望。	6
	寓言故事	以教材中的寓言故事来创作戏剧	1.掌握寓言故事的整体内容; 2.进行语气表情等方面的练习; 3.体验合作表演的乐趣。	6
	神话故事	以教材中的神话故事来创作戏剧	1.掌握神话故事的整体内容; 2.进行语气表情等方面的练习; 3.调动学生阅读神话的兴趣,并进一步形成良好的阅读习惯。	6
中级	历史故事	以教材中的历史故事来创作戏剧	1.掌握历史故事的整体内容; 2.进行语气表情等方面的练习,体会人物性格; 3.培养学生对历史的兴趣。	6
	英雄故事	以教材中的英雄故事来创作戏剧	1.掌握英雄故事的整体内容; 2.进行语气表情等方面的练习,体会人物的情感; 3.激发学生的爱国情感。	6
高级	综合题材	以"爱"为主题选取课文来创作戏剧	1.掌握文本的整体内容; 2.体会人物性格及情感,并用语气、神情、肢体等表达出来; 3.引导学生在感动中懂得关爱别人,学会帮助和关心他人。	6

　　(五)课程实施

　　1.开设年级:三、四、五、六。

　　2.课时安排:每学期3课时。

　　3.活动形式:分班教学,分组合作,分组展示等方式进行学习。

　　4.教学策略:读一读、学一学、演一演、评一评。

　　(六)课程评价

　　1.可从积极参与、大胆自信、合作能力、创新能力等方面对学生进行评价。

　　2.评价可采用学生自评、生生互评、家长参评、教师点评等方式,采用量化评价与描述性评价相结合。

3. 记录学生在活动过程中的表现和成果展示中的表现,可采用过程性评价与考察性评价相结合。

三、具体课例

(一)活动目标

1. 了解戏剧的主要特点及改编的要求。能初步把握文章中人物形象的特点,进行改编《去年的树》(可以独立改编,也可分组改编,改编既要忠于原文又要敢于创新)。

2. 分组进行剧本的交流和讨论;选好演出剧本,确定导演、演员和剧务组等人员;进行排练。

3. 培养创造思维能力和表演能力。

(二)活动准备

布置学生回家阅读第七册语文书里的童话《去年的树》,并思考这是一只怎样的鸟儿,怎么演绎鸟儿的心情,如果让你改写结局,你会怎么改。

(三)活动过程

1. 谈话导入

师:我们的课本上有不少课文人物形象栩栩如生,故事情节曲折生动。如果我们在理解课文、准确地把握人物性格的基础上进行再创造,把它编成戏剧进行表演,使课文人物再现在我们的面前,这是很有意义的。今天我们就来当一回编剧,写写剧本。

2. 学习剧本的一般特点

(1)师生共同研究《去年的树》剧本,了解戏剧的特点和改写要求。

(2)师出示《去年的树》第一幕改编后的戏剧,讨论戏剧的特点。

①编写戏剧,可以对原文进行修改。(增加、删除、调换、改变)

②剧本必须把发生在不同地点和较长时间里的事情集中在有限的舞台空间的有限的时间内表现出来。因此,它的篇幅不能过长,人物不能过多,场景变换也不能过多。第一次学写戏剧,可以截取课本的一个片段进行编写。

③剧本的语言主要指台词。台词包括对话、独白、旁白等。语言要能充分表现人物的性格、身份和思想感情,还要求通俗自然、简练明确、响亮动听,适合于舞台表演。

④在编写时,还要注意舞台说明和舞台提示。

3.师生共同改编《去年的树》的第二部分

(1)讨论:这一部分哪些内容可以进行改编? 为什么? 教师板书。

(2)师生合作,把第二部分改编成戏剧的第二幕,交流评议。

(3)学生自由选择门先生、小女儿或灯火中的其中一部分进行改编。

4.评议剧本

(1)自评:你认为你的剧本理想吗? 分析你对剧本满意之处在哪里,还存在哪些问题?

(2)小组讨论:互评剧本的成功与不足之处,记录下互评的意见。

5.修改剧本

(1)根据自评与互评的结果,进一步修改、完善剧本。

(2)小组讨论:对剧本的修改进一步互评。

6.小组合作演一演

(1)排演时,你们遇到了哪些问题? 哪些得到了解决? 如何解决的? 哪些未解决? 为什么没能解决?

(2)全班讨论在排演中遇到的问题,同样可以共享资源。你认为在戏剧的排演中,最重要的是什么? 你感受到了什么?

(3)展示戏剧。

(4)互评。记录下对你们组的评价。你认为哪个组最出色,为什么? 你有哪些收获?

让书本活起来

苏静霞

一、课程背景

宋庆龄曾说过:"儿童是国家未来的主人,通过戏剧培养下一代,提高她们的素质,给予她们娱乐,点燃她们的想象力是最有意义的事情。"是的,这是宋庆龄对于话剧功能的理解。当然,在当今社会,还有其他的功能,比方说:戏剧的直观性可以让观众印象深刻;戏剧可以让表演者找到自己的价值,对自己更加自信:戏剧表演可以增加整个剧组的团队凝聚力……因此,我要将戏剧带进语文教学,让书本活起来,让孩子们在理解课文内容的同时,放飞想象的翅膀,在课堂上淋漓尽致地展现自己,使他们受益。

二、课程规划

(一)课程主题

熟悉课文,快乐表演,激发想象力,提升语文综合素养。

(二)课程理念

戏剧与课文的碰撞,擦出语文综合素养提升的火花。

(三)课程目标

1.通过孩子们自己参与道具制作,认识自己,培养想象力。

2.通过孩子们表演时的协作,培养合作能力,提升团队凝聚力。

3.通过用语言、肢体、表情等表现形式进行戏剧表演,让孩子们深入理解课文,增加自信。

4.借助戏剧表扬,发挥孩子们所长,提升其语文综合素养。

（四）课程内容

活动主题	活动内容	活动目标	课时安排
1. 童话故事	《夏夜多美》	1. 掌握童话故事的整体内容； 2. 进行语气表情等方面的练习； 3. 激发学生喜欢表演、喜欢参与的欲望。	6
2. 民间故事	《西门豹》	1. 掌握民间故事的整体内容； 2. 进行语气表情等方面的练习； 3. 体验合作表演的乐趣。	6
3. 神话故事	《愚公移山》	1. 掌握神话故事的整体内容； 2. 进行语气表情等方面的练习； 3. 调动学生阅读神话的兴趣，并进一步形成神话的阅读习惯。	6
4. 母爱	《慈母情深》	1. 掌握故事的整体内容； 2. 进行语气表情等方面的练习； 3. 让孩子加深对母爱的认识，更加爱自己的母亲。	6
5. 父爱	《地震中的父与子》	1. 掌握故事的整体内容； 2. 进行语气表情等方面的练习； 3. 让孩子体会到父爱的另一种方式，更加爱自己的父亲。	6

（五）课程实施

1. 开设年级：三、五。

2. 课时安排：每学期15课时。

3. 活动形式：分班教学，分组合作，分组展示等方式进行学习。

4. 教学策略：读一读、学一学、演一演、评一评。

（六）课程评价

1. 可从表演能力、合作能力、创新能力等方面对学生进行评价。

2. 评价可采用学生自评、家长参评、教师点评等方式。

3. 记录学生在活动过程中的表现和成果展示中的表现，可采用过程性评价与考察性评价相结合。

具体课例：《西门豹》

（一）活动目标

1. 能初步把握文章中人物形象的特点，训练语气，进行朗读、表演。

2.分组确定导演,演员、剧务组等人员。

3.培养表演能力、合作能力、想象力。

(二)活动准备

布置学生回家阅读课文《西门豹》

(三)活动过程

1.谈话导入,再读课文

师:大家还记得那位与群众一起破除迷信、兴修水利,带动当地经济发展的西门豹吗? 今天就让我们再次走进西门豹的故事,我想请同学们分角色有感情地来读一读,谁愿意? (请两位学生)

2.总结人物特点,出示剧本

师:刚刚的两位同学读得都很好,从他们的朗读中,你们能说一说西门豹、老大爷、官绅、巫婆的特点吗?

师:是的,我们在朗读的时候也要根据人物形象,读好他们所说的话。那老师今天给你们带来了《西门豹》的剧本,开始分组试着读一读吧。

3.聚焦对话,一一分解

(1)聚焦第一场,练习对话

①生读,生、师评议。

②师示范。

(2)聚焦第二场、第三场

学生分组分场练习,师评议。

4.小组合作,课本活起来

(1)将全班同学分为三组,分组排演课本剧。

(2)排演时,你们遇到了哪些问题? 未解决的让其他同学开动脑筋解决。

(3)你认为在戏剧的排演中,最重要的是什么?

(4)展示戏剧。

(5)互评。记录下对你们组的评价。你认为哪个组最出色,为什么?

课本剧激活人物形象

戴淑颖

一、课程背景

小学语文教材是小学语文教育内容的载体，也是实现小学语文教学目标、发挥语文教育功能的重要物质基础，对于学生的发展具有重要的作用。人教版小学语文教材中描写人物形象的课文很多，许多人物都给学生留下了深刻的印象，并潜移默化地影响着学生。因此人物形象教学是小学语文教学的一个重点内容。然而，目前小学语文人物形象教学仍存在着一些不足之处：教师讲解代替了学生阅读，学生缺乏真情体验，不易把握人物的精神特质，除此之外，教师的人物解读思路匮乏，解读模式单一，有时为了传授知识点肢解文本，孤立分析人物，长此以往，学生自主解读人物形象的能力得不到提高，也不利于其辨证、创新的思维的发展。

为了改善以上现象，本课程提出了把"课本剧"引入语文课堂。"课本剧"是戏剧的一种表现形式，指的是把课文的内容改编成剧本，学生在老师的组织下，角色扮演、即兴演出。"课本剧"对老师们来说早已不陌生，很多学校都曾组织过"课本剧"的活动。但是，真正把编演"课本剧"作为语文课堂教学方式的学校极少。

二、课程规划

（一）课程主题

学生把课文改编为剧本形式，在教师的组织引导下，在表演中融入自己对文本中人物形象的理解与感悟，并转化为自我认识。

（二）课程理念

小学语文教材中的人物形象对于塑造学生性格、形成其正确的价值观、提高语文综合素养具有重要的作用。然而在很多语文课堂中，人物形象教学还存在着一些不足之处。把课本剧引进课题,有利于培养学生对文本的兴趣,推动学生更主动地认识课文中的人物;丰富语文课堂教学方式,促进学生创新思维的发展,让学生课文中的人物有更深刻、独立的见解;创设语文实践情境,提高学生整体的语文能力。

（三）课程目标

1. 通过小组合作的学习方式,把课文改变成剧本,培养学生的创造力。

2. 通过背台词、演剧本,促进学生对课文中人物形象的理解,提高学生处理语言文字的能力。

3. 通过改变传统的教学模式,激发学生探究对人物形象的兴趣,挖掘人物的优秀品质并内化,从而实现道德教育,推动实现全面发展的目标。

（四）课程内容

层次	活动主题	活动内容	活动目标	课时安排
初级	我是一名小观众——什么是课本剧?	认识、欣赏课本剧	观看课本剧,能与同学、老师、家长交流观后感,初步认识课本剧。	1
中级	1. 我是一名小演员——怎样演课本剧?	1. 教师把课文改编成剧本并组织排练、表演,学生在教师的指导下演绎人物形象。 2. 教师小结,激发学生表演的信心和兴趣。	1. 在表演中体验演课本剧的快乐,激发表演的兴趣与热情。 2. 在演绎中更进一步体会课文中的人物形象特点。	2
	2. 我是一名好演员——怎样演好课本剧?	1. 学生自主解读课本,把握课文中人物形象的特点,在表演中淋漓尽致地演绎出人物。 2. 学生交流感受。 3. 教师小结。	从被动理解到主动理解,从单元解读到多元解读,提高创造力、理解力、表现力。	2
高级	我想成为大导演——为什么要演课本剧?	1. 小组合作探究,自主选择合理的文章题材并改编成课本剧。 2. 根据对文本人物的理解,自行组织排练、表演。 3. 学生交流过程中的收获与体会,反思小结。	1. 吸收课本中人物形象的优秀品质,提升自身道德素养。 2. 提高自我解读的能力和审美情趣,增强组织能力,培养交际和团结协作的精神。	4

（五）课程实施

1. 开设年级:4—6 年级

2. 课时安排:一学年40课时,第一学期和第二学期分别10课时,每周2课时。

3. 活动形式:班级教学,同学合作完成,教师借机指导。

4. 教学策略:读一读,品一品,改一改,演一演,说一说,评一评。

(六)课程评价

1. 建立家校联系册。

2. 评选"表演之星"。

三、课例:

(一)活动目标

1. 通过自主解读文本,编写剧本,初步认识人物形象,提升语言文字运用能力。

2. 通过表演(参与表演),深刻体会人物形象特点。

3. 吸收优秀的人物品质特点,激发表演课本剧的兴趣与热情,培养团结协作的精神。

(二)活动准备

学生制作的表演服装、表示场景的多媒体课件、背景音乐、桌椅、荆条等道具。

(三)活动时间:两课时

(四)活动过程

课例:《将相和》第一课时

1. 谈话导入,激发兴趣

师:同学们,上节课我们初步学习了《将相和》一课,知道了课文围绕着大将廉颇、宰相蔺相如写了三个小故事,分别是——

生:《完璧归赵》《渑池之会》《负荆请罪》。

师:这三个小故事中你最感兴趣的是哪个,为什么? 请和你的同桌交流。同学们都交流完了,谁愿意来说一说?

生1:我最感兴趣的是《负荆请罪》,因为这个故事中廉颇知错就改,蔺相如也顾全大局,我很欣赏他们。

生2:我最有兴趣的是《完璧归赵》,因为蔺相如表现得机智勇敢,值得我们学习。

师:是啊,看来同学们都很喜欢廉颇、蔺相如这两个主人公,今天就让我们穿越到几千年前,让这些历史画面重现。我们来演一演他们,好吗?

生(鼓掌):好!

2. 小组合作,明确准备内容

师:同学们最想表演哪个小故事?

生(异口同声):《负荆请罪》。

师:那我们这节课就来演《负荆请罪》。要演好这个课本剧,我们就要做到以下几点(ppt出示):

(1)同学们根据活动需要、个人特长和意愿分配编剧、导演、表演、剧务,选出自己适合的角色进入工作。

(2)读透课文,熟悉故事情节,根据故事情节、人物的言行举止把握人物特点。

(3)改编课文成剧本,可以对课文进行删减、再创造,但要符合人物性格的需要。

(4)根据自己的理解,给人物加上动作、心理、神态等提示语,做到适合舞台演出。

生交流、准备。

生(导演):老师,我们初步改好了剧本,确定了演员及工作人员。

导演:詹佳怡、谢铠吉

编剧:蓝梓侨

表演人员:方垚涛饰蔺相如、尤科翔饰廉颇、赵俊宇饰门客甲(廉颇门客)、胡云浩饰门客乙(廉颇门客)、仇博傲饰门客丙(蔺相如门客)

剧务:李雨霏、徐婉盈、陈盈晓、章文轩

其他同学作为观众。

师:好的,现在我们开始排练。

3. 自主排练,交流改进

(1)学生自主排练,讨论改进不足之处。

(2)师生共同探讨如何表演,师适时指导。

注:演员应有神情变化和舞台动作,对话时要掌握好语调、语速、节奏和停顿,为展现人物性格而服务。

第二课时:

1. 谈话导入

师:同学们,昨天通过全体同学的努力,我们已经完成了本次课本剧《负荆请罪》的准备工作,今天我们就把这个成果呈现出来吧! 让我们掌声欢迎。

2. 呈现表演

门客甲:(嚣张,手指着远方的门客丙)嘿,那不是蔺大人家的门客吗?

门客乙:(不屑地瞥一眼)是那小子。

门客丙:(笑着走来)两位仁兄,别来无恙乎?

门客甲:(酸溜溜的)托廉将军的福,我们跟着他老人家出生入死,浴血沙场,什么也没得到,倒是把身体练得棒棒的。

门客乙:(嘲讽的口气)哪像你们蔺相爷,耍着那三寸不烂之舌,又是加官,又是晋爵。这真是会干的不如会说的啊!

门客甲:(打着哈哈)是啊,就连你们这些门客,也都是"一人得道,鸡犬升天"啦!

门客乙:(恶作剧式的)那我们还跟他们说些什么?

门客甲:(会意的)对啊,狗嘴里岂能吐出象牙来?

门客丙:(气得浑身发抖)你,你们……

门客甲、乙:(哈哈大笑,扬长而去)哈哈……

(蔺相如与廉颇各自上)

门客丙:(伸手遥指)蔺大人,看,那不是廉将军吗?

蔺相如:(定睛一看)快,调头,别和他们碰面。

门客甲:(大叫)廉将军,看,蔺相如见了我们就跑,果然是怕了将军您。

门客乙:上次我们俩在街上,好好地教训了蔺大人家的门客,替您老人家出了一口气呢!

廉颇:(沉思一下,跳下车)你们两个,跟我去看看。

门客丙:蔺大人,上次您叫我们礼让廉将军的门客,我对他们彬彬有礼,却反被奚落。可您今天见了廉将军就跑,莫非您是怕了他不成?

蔺相如:廉将军对我有些成见,我们还是不碰面的好。

门客丙:蔺大人,您的官职还在廉颇之上,为什么要躲着他呢?

蔺相如:你说说看,秦国之所以还不敢对赵国下手,这是为什么?

门客丙:是因为我赵国全民万众一心,齐心抗敌。

蔺相如:不错,俗话说"文能治国,武能安邦"。赵国文有我蔺相如,协助大王治理国家;武有廉将军驰骋沙场、镇守边关,所以秦国不敢来犯。

门客丙:可是蔺大人您与廉将军本应平起平坐,他们也不可欺人太甚。

蔺相如:如果我与廉将军闹矛盾,那么,赵国朝廷上下势必分为两派,明争暗斗,无法一致对外,大量精力浪费在争权夺势的内耗中,秦国必定乘虚而入,百姓又将陷于水深火热之中。因此,我宁愿放弃个人利益,将个人得失置之度外,躲着廉将军,以避免和他发生正面冲突。

廉颇:(深受感动,自言自语道)是啊,有什么比国家的利益更为重要呢? 我居功自傲,竟为了一个虚名,与蔺大人过不去。若不是他大人有大量,不与我计较,我们不是要发生内讧吗? 我们发生内讧,秦国就有机可乘。如果那样,我可就成了千古罪人了! 我怎么这么糊涂啊!(下)

蔺府仆人:大人,廉大将军求见。

蔺相如:快快有请。

蔺府仆人:廉将军,老爷有请。

(廉颇身负荆棘,一入正堂,就朝蔺相如跪下,众人一惊。)

蔺相如:廉将军,这是做什么? 快快请起。

廉颇:蔺大人,我廉颇是个粗人,只会带兵打仗,没什么心眼。若非蔺大人胸怀社稷,大人大量,不与小人一般见识,则早已危及国家矣! 以往多有得罪之处,望蔺大人莫放在心上。

蔺相如:相如我对廉老将军一向心怀敬佩,老将军快快请起,别再折杀小弟了。(扶起廉颇)您我二人都是大王的左右手,一文一武,撑起了赵国的半边天,助大王安邦、治国、平天下。和则利国,斗则祸国。从今往后,我们尽弃前嫌,为文武百官作出表率,如何?

廉颇:蔺大人,我赵国有贤臣如你,真乃社稷之大幸啊! 今后,我廉某愿与你化干戈为玉帛,一起并肩奋斗,再也不会为名利之事而闹不和了。

蔺相如:好啊,廉兄! 团结就是力量。让我们大家同心协力,团结一致,共抗秦国!

廉颇:对! 团结一致,共抗秦国!

3.讨论交流

师:同学们,你们给了老师太多的惊喜! 观众们,你们看得过瘾吗?

生1:过瘾! 我认为方垚涛同学把蔺相如演得惟妙惟肖,仿佛让我看到了一个大度、绅士的大臣。

生2:我认为廉颇也演得很棒。但是我有个小建议,廉颇的后面认错的语速太快,语气也太重了,让人感觉很鲁莽,好像没有真正认识到错误。

生3:大家的眼光都放在了主角上,我觉得配角也演得很淋漓尽致,如果没有配角,我们不会这么快进入情境的。

师:是啊,不知不觉,我们过了一把观众瘾,还当了一回小评委。在这个过程中,我们再一次认识了廉颇、蔺相如以及门客们,他们的形象深入人心。这些都离不开我们所有的演员和工作人员们,让我们掌声鼓励他们!

生(鼓掌)

师:我们的小演员和工作人员,你们有什么想说的吗?

蓝梓侨(编剧):改编课文对我来说挺有难度的,文中蔺相如、廉颇的语言和动作描写不多,不能把他们的人物特点表现出来,后来我又借助了课外书完成的。

师:你很了不起,如果没有你的剧本也不会有这么成功的演出了。

尤科翔(廉颇):我的台词有点长,我昨天还担心背不下来。后来我就把我自己当成了廉颇,想演出他的特点。我一直认为廉颇是个冲动的武夫,所以说话一直都比较重,忽略了他是在"请罪",语速应该慢一点的,这也是我的不足之处。不过我也从中收获了很多,廉颇其实也很有绅士风度,不是吗? 他的知错就改、顾全大局让我佩服。

师:相信你会越来越好。

门客甲(赵俊宇):课文里描写我的语句不多,但我想把自己表现得嚣张一些,我越嚣张,越可以对比出廉颇和蔺相如的优点。

师:看来配角对于塑造人物性格有着至关重要的作用。这次表演也离不开各位剧务,他们及时提供道具,还配上了适合场景的音乐,才使得演出成功。

4.总结归纳

师:同学们,通过这次表演,相信大家都受益匪浅。我们用课本剧的方式学习了课文,你现在能说一说学习了本课的收获吗?

生1:我知道了要多元地解读人物形象,廉颇是个武夫,刚开始也表现得小肚鸡肠,但他知错就改,这种行为值得赞赏。

生2:我知道了要联系全文去解读人物,不能割裂、孤立。

生3:在很多课文中,同学们都对主人公非常重视,往往忽视了非重要人物,本篇课文的门客就是。我现在明白了,我们也可以借助他们去理解其他人物形象。

生4:这次大家一致团结协作的精神最让我感动。我不由想到了廉颇和蔺相如,他们团结一致能让赵国越来越强大,我们也要团结一致,让我们班越来越好!

师:同学们,听了你们的发言,老师深有同感。人物形象是作品的灵魂,承载着丰富的内涵,只有对其进行充分深刻的认识,才更好地把握整个作品,才能实现阅读真正的意义。我们要树立多元解读的意识,充分利用课外资源,把非主人公人物形象利用起来,深入了解人物形象。更重要的是,我们要学习他们身上的优秀品质,让身心得以全面发展!

数 学 篇

跟着名人学数学

胡晓瑶

课程背景

古今中外杰出的数学家许许多多,有将圆周率精确到小数点后七位的"世界第一人"祖冲之;有天赋异禀,年仅 19 岁就攻克了正十七边形的尺规作图这个数学史上延续两千多年的未解难题的高斯;有失明后仍然孜孜不倦地钻研数学,用心算推导出月球运动规律的欧拉;有在贫病中刻苦自学,虽然只有初中学历,却获得清华大学的破格提拔,在数学研究领域获得非凡成就的华罗庚;还有呕心沥血,以顽强的毅力攻克"哥德巴赫猜想"中的"1＋2",创造了震惊世界的数学奇迹的陈景润。

这些创造历史、造就辉煌的数学巨人们,以其超群卓绝的思想智慧和自强不息的进取精神,创造了数学王国中一座又一座闪亮的丰碑,也为后人留下了丰厚的精神财富。

一、课程规划

(一)课程主题

了解古今中外名数学家,学习名人数学思想。

(二)课程理念

数学是小学阶段基础课程,学生学习数学对于今后的生活学习都有着重要意义。让学生在数学名家的引领下学习数学,可以加强学生学习数学的兴趣,同时开拓学生的数学思维,以提升他们数学学习的能力。

(三)课程目标

1.通过感人、有趣的数学家的故事,了解古今中外杰出的数学家的生平和数学成就。感受数学家严谨治学、锲而不舍的探索精神,进而了解数学的发生和发展,感觉数学的魅力。

2.提高整合数学家重要思想和结论的能力,并能将数学结论加以应用。

(四)课程内容

活动主题	活动内容	活动目标	课时安排
成就卓越的"数学王子"——高斯	听故事,总结数学思想,小练笔。	了解高斯的生平和成就,学习高斯求和定理并加以应用。	3
九宫格"神算子"——杨辉	听故事,总结数学思想,小练笔。	了解杨辉与九宫格的故事,利用杨辉填法来填九宫格。	3
数学学科的创始人——毕达哥拉斯	听故事,总结数学思想,小练笔。	了解毕达哥拉斯的故事与成就,学习黄金分割,并加以运用。	3
攀摘数学皇冠上明珠的人——陈景润	听故事,总结数学思想,制作手抄报。	了解陈景润的生平与成就,学习陈景润刻苦钻研精神,学习陈景润的部分数学思想,并制作相关手抄报。	3
"人民科学家"——华罗庚	听故事,总结数学思想,制作手抄报。	了解华罗庚的生平与成就,学习华罗庚的部分思想,并制作相关手抄报。	3
第一个使用函数的人——欧拉	听故事,总结数学思想,小练笔。	了解欧拉的生平与成就,学习粗浅的函数内容,并能加以运用。	3
几何学之父——欧几里得	听故事,总结数学思想,制作手抄报。	了解欧几里得的生平与成就,学习他的部分数学思想,并制作相关手抄报。	3
圆周率的首位精确计算者——祖冲之	听故事,总结数学思想,制作手抄报。	了解祖冲之的生平与成就,学习他的部分数学思想,并制作相关手抄报。	3

(五)课程实施

1.开设年级:五年级

2.课时安排:全年共24个学时,每周一课时。

3.活动形式:自由报名,小班教学。

4.教学策略:听一听,说一说,写一写,画一画。

(六)课程评价

1.采用学分制:60分及以上为及格;75分及以上为良好;90分及以上为优秀。

2.评分标准:(1)能将名人与他的数学思想对号入座。(10分)(2)说一说:通过这次拓展性学习,你学到了什么? 在今后的数学学习中该怎么做? (20分)(3)手抄报制作。(30分)(4)相关数学题测试。(40分)

二、具体课例:攀摘数学皇冠上明珠的人——陈景润

(一)活动目标

1.通过视频,熟悉数学家陈景润的生平与数学成就。

2.通过学习,感受到陈景润的刻苦钻研的精神,培养学生对数学的兴趣,发展开拓创新的思维。

3.培养不断探索的学习品质,更深刻地体会数学对人类文明发展的作用。

(二)活动准备

多媒体课件

(三)活动过程

1.谈话导入

(课件展示陈景润的照片)

师:同学们,认识他吗?

预设:他是陈景润。

师:真聪明,那关于他,你们又了解哪些知识呢?

预设1:陈景润是位数学家;

预设2:陈景润为数学的发展做出了杰出贡献;

……

师:那他为数学的发展做出了哪些贡献呢? 今天我们就具体来了解下陈景润先生吧!

2.陈景润的故事

(1)了解陈景润的基本信息

陈景润(1933年5月22日—1996年3月19日),福建福州人,功绩:哥德巴赫猜想第一人。1966年发表《表达偶数为一个素数及一个不超过两个素数的乘积之和》(简称"1+2"),成为哥德巴赫猜想研究上的里程碑。著有《初等数论》等。

(2)熟悉哥德巴赫猜想问题

师:那哥德巴赫猜想问题是什么呢? 我们来了解下:

哥德巴赫是德国数学家,1729年—1764年,哥德巴赫与欧拉保持了长达35年的书信往来。在1742年6月7日给欧拉的信中,哥德巴赫提出了一个命题。他写道:"我的问题是这样的:随便取某一个奇数,比如77,可以把它写成三个素数之和:77 = 53 + 17 + 7;再任取一个奇数,比如461,461 = 449 + 7 + 5,也可写成三个素数之和,461还可以写成257+199+5,仍然是三个素数之和。这样,我发现:任何大于7的奇数都是三个素数之和。但这怎样证明呢? 虽然做过的每一次试验都得到了上述结果,但是不可能把所有的奇数都拿来检验,需要的是一般的证明,而不是个别的检验。"欧拉回信说:"这个命题看来是正确的,但是他也给不出严格的证明。同时欧拉又提出了另一个命题:任何一个大于4的偶数都是两个素数之和,但是这个命题他也没能给予证明。"

师:知道了什么是哥德巴赫猜想,同学们不妨举几个例子来验证大于4的偶数是否能写成两个素数之和呢?

预设1:8=3+5;

预设2:12=5+7;

预设3:22=3+19;

……

师:刚才我们所说的数,在数学里都算是比较小的数。如果是10万、100万、100亿,甚至是更大的数呢? 这些数能不能写成两个素数的和呢?

预设:偶数太多了,一个一个去验证是不可能的。

师:有道理! 可见要证明这个猜想很有难度。那接下来我们通过一个视频来了解下陈景润证明哥德巴赫猜想的故事。

(3)观看陈景润证明哥德巴赫猜想的视频

(课件播放视频《数学大师陈景润》)

3.讨论与思考

(1)提出问题

师:通过视频你了解到了什么?

(2)学生讨论

(3)全班交流

预设1:陈景润先生证明哥德巴赫猜想的过程很不容易;

预设2:只有艰苦奋斗、刻苦钻研,才能获得成功;

预设3:陈景润先生是哥德巴赫猜想第一人,为国争了光,我们要向他学习,努力学习数学,争取为国争光。

……

4.总结提升

师:有句古话这样说:"不积跬步,无以至千里;不积小流,无以成江海。"意思是说,在通往成功这条路上,积累是很重要的。如果在日常学习生活中不脚踏实地努力,不克服艰难险阻,想要一步登天,飞黄腾达是不可能的。陈景润先生能几年如一日地在6平方米的小屋里,忍受饥寒地解世界数学难题,这种精神可贵难求。老师希望同学们能像陈景润先生那样,在今后的学习活动中不断探索、不断创新、不断实验,这样就一定能获取更多的知识,将来一定能成为国家的栋梁,为国出力!

借儿童绘本 叩数学之门

王钰莹

一、课程背景

绘本,在国外多被称作"picture books"(图画书),它起源于西方,诞生于19世纪后半叶的欧美。绘本以绘画为主,并附有少量文字,它曾被公认为"最适合幼儿阅读的图书"。低年级从幼儿升入小学,是生活的一大转变,如何让他们在这一大转变中对"数学"这个新朋友留下好印象,为今后学习数学打下良好的兴趣基础呢?数学绘本给我们开辟了一条有效的途径。数学绘本以图文并茂的形式,将数学知识蕴含在生动有趣的故事中,激发学生的学习兴趣,促进学生积极参与学习活动,主动探索数学知识,拉近数学与儿童的距离,轻叩数学之门,感受数学魅力!

二、课程规划

(一)课程主题

读讲绘本,激发兴趣,增强数学学习信心。

(二)课程理念

童性是低年级儿童最大的特点。一年级的学生刚从以游戏为主的幼儿园生活直接转变成以课堂教学为主的小学生活,他们是极其不适应的,思维、行为都不能及时转变,从而出现很多令老师头疼的问题。而数学绘本给我们的低段数学教学带来了巨大的新可能,生动的故事情节、丰富的画面、多彩的色调,把一个以抽象思维为主的课程和一个以形象思维为主的课堂融合在一起,把数学课堂丰富具象起来,时时刻刻吸引着学生。

(三)课程目标

1.通过绘本教学,旨在激发低年级学生学习数学的兴趣,爱上数学学习,学好数学。

2.让学生在听故事的过程中将自己带入故事情景,有意识地发掘数学问题,进而主动地去解决问题,增长孩子的数学经验,发展孩子的数学思维。

(四)课程内容

年级	课程内容	课时安排
一年级上册	与数的认识有关的绘本故事	2
	与位置有关的绘本故事	2
	与认识立体图形有关的绘本故事	2
	与认识时间有关的绘本故事	2
	与解决实际问题有关的绘本故事	4
一年级下册	与认识平面图形有关的绘本故事	2
	与分类与整理有关的绘本故事	2
	与摆数有关的绘本故事	2
	与找规律有关的绘本故事	2
	与认识人民币有关的绘本故事	2
	与解决实际问题有关的绘本故事	2

(五)课程实施

1.开设年级:一年级。

2.课时安排:一学年共24课时,一上和一下分别12课时,每周一课时。

3.活动形式:班级教学,全班参与。

4.教学策略:处理好绘本感知与动手操作的关系,在故事讲述和插图观察中增加操作与扮演,强化活动经验积累和数学感知体验;处理好故事情节与数学问题解决的关系,锻炼学生思维的敏捷性和灵活性。

(六)课程评价

1.采用个人积分制。课堂参与性高的、积极举手的,每回答一次加1分,每人最多3分。课后作业质量高的,加1分。推荐使用班级优化大师。

2.采用小组积分制:在小组活动中,表现突出的,整组每人酌情加分。推荐使用班级优化大师。

三、课例:巨人的拼布被

【教学内容】

人教版一年级下册认识图形(二)

【教学目标】

1. 直观认识4种平面图形,并感受各种图形的特征,能辨认和区别这些图形。

2. 经历认识图形的过程,培养学生初步的观察能力、动手操作能力和用数学交流的能力。

3. 感受几何图形与生活的密切联系,体验数学活动的创造性,激发学习数学的兴趣。

【教学准备】

绘本《巨人的拼布被》,多媒体课件,平面图形若干,学习单

【活动过程】

(一)绘本导入,激发兴趣

师:今天老师带来了一个故事,看到题目《巨人的拼布被》你想到了什么?

生:关于巨人的故事

生:关于图形的故事

生:被子是用图形拼起来的

(二)认识平面图形

1. 听故事,认识正方形

师:你觉得这是怎样的一个巨人?

生:助人为乐的巨人

师:第一个得到巨人帮助的是谁?

生:小裁缝

师:他得到了什么图形?

生:正方形

师:正方形是怎么样的?

生:四个角直直的,四条边都一样。

师:老师这儿有个神奇的布袋,你能从中摸出正方形吗?

2.听故事,认识三角形

师:第二个得到帮助的是谁?

生:小农夫。

师:他得到的图形是什么?

生:三角形。

师:谁来摸一摸。

师:正方形和三角形比一比,有什么不同?

3.对比长方形和正方形

师:故事中的第三个老奶奶破了一个长方形,为什么说巨人给她的布不合?

生:老奶奶想要的是长方形,巨人给老奶奶的是正方形。

师:长方形和正方形有什么不同?

4.认识圆形

师:想不想知道巨人的布袋里还藏着什么?(摸出圆)

师:圆和前面两个图形有什么不一样?

生:长方形有 2 条长边,2 条短边。正方形 4 条边都一样。

(三)图形的拼组

1.听故事,引出活动

师:强壮的巨人为什么会生病呢?

生:被子有洞。

师:为什么有洞?

生:巨人自愿把被子剪给需要的人们。

师:那巨人生病了,我们可以做什么?

生:为他们做被子。

2.简单的图形拼组

师:信封里有小矮人的布块,从篮子里选两个完全相同的图形,拼出一个更大的图形。比一比,谁的方法多。

(学生动手操作,作品反馈)

生:两个同样的长方形,可以拼成1个大的正方形。

生:两个同样的正方形,可以拼成1个大的长方形。

生:两个同样的三角形,可以拼成1个大的长方形。

生:两个同样的三角形,可以拼成1个大的正方形。

3.较复杂的图形拼组

师:小矮人在帮助巨人拼被子的时候遇到了困难,你能帮助他们吗?

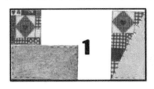

(学生对着学习单上的图形,动手操作进行拼组,并且投影汇报)

生:可以用2个三角形拼成1个长方形,再加1个正方形,就可以了。

生:可以用2个三角形,中间再放两个长方形就可以了。

……

师:最后,让我们把拼好的被子送给巨人吧。

(继续听完故事)

(四)全课总结

师:故事听完了,这节课也就结束了。谁能说一说这节课的感受吗?

生:我知道了什么是长方形、正方形、圆形、三角形,还知道它们是不同的。

生:我知道图形和图形拼在一起,可以拼出很多其他的图形。

生:我觉得我们应该像巨人一样多帮助身边的人,也要学会像小矮人一样懂得感恩。

确定起跑线

陈 路

一、学科背景

《确定起跑线》是一节综合应用数学知识的实践活动课,是在学生掌握了圆的概念和周长等知识的基础上进行设计的。教材设计这个数学综合实践活动,一方面让学生了解田径场跑道的结构,通过小组合作进行的探究性活动,综合运用所学的知识和方法,动手实践解决问题,学会确定起跑线的方法;另一方面让学生体会数学在日常生活中的应用价值,增强学生应用数学的意识,不断提高实践能力和解决问题的能力。

二、教学目标

1.通过教学活动了解田径跑道的结构,学会确定跑道起跑线的方法。

2.结合具体的实际问题,通过观察、比较、分析、归纳等数学活动,通过独立思考与合作交流等活动提高解决实际问题的能力。

3.在主动参与数学活动的过程中,切实体会到探索的乐趣,感受到数学知识在生活中的广泛应用。

三、课程内容

层次	活动主题	活动内容	活动目标	课时安排
初级	跑道的小秘密	比较生活中的大圈和小圈;举行塑胶跑道弯道竞赛	亲身感受跑道外环和内道的长度差异,理解差异出现的原因。	1

中级	我是跑道质检员	1.根据学校跑道的图纸数据确定起跑线。 2.实地测量学校跑道,验证起跑线位置是否正确。	运用所学知识计算每条起跑线的位置。	2
高级	我是跑道设计师	设计一条 500 米跑道的弯道起跑线。	灵活运用所学知识进行迁移,通过题目要求自主设计不同跑道的起跑线。	2

四、课程实施

1.开设年级:六年级。

2.课时安排:按照课程难易程度划分为 3 个专题,一学年共 5 课时,每周一课时。

3.活动形式:分组教学。

4.教学策略:走一走,看一看,量一量,算一算,试一试。

五、课程评价

1.能得出跑道弯道长度的差异结论的记为合格;

2.能结算弯道长度并确定起跑线的记为良好;

3.能实地检测跑道长度和起跑线正确位置,并能为新跑道设计起跑线的记为优秀。

六、案例

(一)自学

1.跑步比赛

师:小狗和小兔分别从 A、B 处出发,沿半圆跑到 C、D 处。对于这样的比赛你有什么想说的吗?（不公平）为什么会不公平。

生:相同的起点和终点,在外圈跑的人肯定比在里圈跑的人要跑得多。

师:那它们到底相差多少呢?请同学们一起算一下。

生计算并反馈

小狗:$3.14 \times 10 = 31.4(\text{m})$;

小兔:$3.14 \times (10 + 1) = 34.54(\text{m})$

相差:34.54 – 31.4 = 3.14(m)

2.(出示 400 米决赛录像)

提问:对于运动员在起点所站的位置,你有什么发现?

生 1:运动员都在自己的跑道上跑。

生 2:运动员的终点相同,而起点却不一样。

师:为什么运动员要站在不同的起跑线上?

生:外圈的跑道比内圈的跑道要长,为了比赛的公平性,所以外圈运动员的起跑线要向前移。

3.揭示课题

师:相邻两跑道的差是多少呢?外圈跑道的运动员要向前移动多少距离呢?这就是这节课我们要学习的内容:确定起跑线(板书课题)。

(二)议学

1.确定跑道结构

自学书本第 75 页,完成下面三个小题

(1)跑道由(   )和(   )组成。

(2)左右两个半圆形的弯道合起来刚好是(   )。

(3)每一圈跑道的长度可以看成(   ) + (   )。

生自学并反馈。

2.分析比较,确定思路

(1)内外跑道的差异是怎样形成的?

生:内外跑道的长度不一样是因为每条跑道的直道都是一样长的,而外圈跑道围成的圆的周长比内圈跑道围成的圆的周长大。(课件演示)

(2)小组讨论:怎样找出相邻两个跑道的差距?

生:分别把每条跑道的长度算出来,然后再相减,就可以知道相邻两条跑道的差距。

生:因为跑道的长度与直道无关,只要计算出各圆的周长,再算出相邻两圆的周长相差多少米,就得出相邻跑道的差距了(课件演示)。

师:相邻跑道的差也就是相邻起跑线所要确定的距离。

3.计算验证,解决问题

(1)出示教材第 76 页主题图,提问:从图中你能收集哪些数学信息?

生:每条跑道的直道长为 85.96 米,跑道的宽为 1.25 米,第一条跑道的圆的周长为 72.6 米。

师：看到1.25米和72.6米，你还能联想到什么？

生：第2条跑道的直径为75.1米。

生：相邻两条跑道的直径差都是2.5米。

（2）让学生完成下表（用计算器计算）

	1	2	3	4	5	6
直径(m)	72.6	75.1	77.6	80.1	82.6	85.1
周长(m)	228.08	235.93	243.79	251.64	259.50	267.35
全场(m)	400	407.85	415.71	423.56	431.42	439.27

注：π取3.14159（得数保留两位小数）

先师生一起完成第一跑道，在学生独立完成第二跑道并反馈，最后小组合作完成。

提问：观察相邻两跑道的长度，你发现了什么？

生：我发现相邻两跑道的差不是7.85，就是7.86。

师：那为什么会出现两个差呢？确定的时候该选哪个数据呢？

生发言后师小结：我们计算的时候π取3.14159，计算的结果是一个近似数，会存在误差，我们该选取7.85米。

师：刚才我们在得出7.85的时候，做了大量的计算，如果圆周率直接用字母π来表示，会怎么样呢？

生思考反馈。

师板书：$(72.6 + 1.25 \times 2) \times \pi - 72.6\pi$

$= 72.6\pi - 72.6\pi + 1.25 \times 2 \times \pi$

$= 1.25 \times 2 \times \pi$

$= 2.5\pi$

$(75.1 + 1.25 \times 2) \times \pi - 75.1\pi$

$= 75.1\pi - 75.1\pi + 1.25 \times 2 \times \pi$

$= 1.25 \times 2 \times \pi$

$= 2.5\pi$

通过交流讨论得出：相邻跑道起跑线相差距离＝跑道宽×2π

提问：从这里可以看出起跑线的确定与什么关系最密切？【跑道的宽度】。

如果跑道的宽发生了变化，你还会求相邻起跑线的差距吗？

师:学校因为扩建,400米跑道的宽扩大为1.5米,相邻起跑线的差是多少?

$(1.5 \times 2\pi = 3\pi)$如果跑道宽改为1米呢?($1 \times 2\pi = 2\pi$)

师:如果在400米的跑道上进行200米跑步比赛,跑道宽还是1.25米,相邻起跑线的差又该如何确定呢?

(三)总结

师:今天你有什么收获?

试教后发现一些地方存在不足之处,经陈老师的指导,结合我自己的一些想法,对教案做了一些修改,具体修改如何?

1.在学生发现小狗、小兔比赛的不公平性后,提出问题:如果你是裁判,要想比赛公平,你会怎么做?

2.在自学部分:给每位学生准备一张400米椭圆形跑道图,让学生自己确定选择第几跑道进行研究。并说说跑道的结构,以及确定如何去求每条跑道的长。

3.在π取3.14159进行计算的时候,发现学生花费了大量的时间,同时也有部分学生存在计算错误的现象,为此,经蔡老师的指导,我直接让学生用圆周率字母π来进行计算,这样就节省了大量的时间,又保证了计算的准确性。

脚下的路

——数学+体育活动课程设计

王 薇

一、课程背景

随着课程改革的不断深入,拓展型课程越来越受到大家的重视。数学拓展型课程及其教学,不仅要关注学生对数学知识、技能、思想方法的掌握,关注其数学能力的发展,而且要有助于学生理解数学的社会价值,领略数学的文化内涵。

数学类拓展型课程是指从教育目标出发,以学生学习数学的兴趣和需要为主要依据,在教师指导下,通过学生的自主活动,以获得直接经验和实践能力的课程。如果说基础型课程中的数学科目是以课堂教学为主要形式,具有以完成系统的知识教学为主要任务的课程,那么数学类拓展型课程的教学则是以建构教育性、创造性、实践性、操作性的学生主体活动为主要形式,以鼓励学生主动参与、主动探索、主动思考、主动实践为基本特征,以实现学生多方面综合发展为核心,以促进学生整体素质全面得以提高为目的的一种新型教学观和教学方式。我认为,小学数学活动课程,主要从学生的生活经验、已有的数学知识基础和天生就具有的思维能力出发,教师根据教学的进程和学生一起设计活动内容,通过活动,帮助学生综合运用已有的知识和经验,经过探索和合作交流,解决与生活经验密切联系的、具有一定挑战性和综合性的问题,体会数学的魅力,获得良好的情感体验,引导学生探索数学在现实生活中的意义,激发学生的学习兴趣。

二、课程规划

(一)课程主题

通过问题:"估一估,从你家到学校大约有多远?"引出对实际生活中两地之间距离的估测。学生通过交流不同的估测方法,帮助学生积累估测的经验,形成估测的策略。

(二)课程理念

在生活中处处有数学,数学也存在于方方面面,走走路,跑跑步也蕴藏着很多有趣的数学问题,值得大家研究,拓展课外知识。

(三)课程目标

1. 通过活动,建立较为准确的长度单位的观念。

2. 在实践和推算的活动中,能够根据自身的生活经验进行估测,进一步培养学生的观察、想象能力和合理推理的能力以及实际测量和估测能力。

3. 渗透数学知识来源于生活实践的思想,培养学生的空间观念。

(四)课程实施

1. 开设年级:三年级。

2. 课时安排:2 课时。

3. 活动形式:室内 + 室外。

三、课例:脚下的路

(一)活动目标

1. 通过活动,建立较为准确的长度单位的观念。

2. 在实践和推算的活动中,能够根据自身的生活经验进行估测,进一步培养学生的观察、想象能力和合理推理的能力以及实际测量和估测能力。

3. 渗透数学知识来源于生活实践的思想,培养学生的空间观念。

(二)活动重难点

估测两地之间的距离。

(三)活动过程

1. 复习旧知

(1)复习准备

师:我们已经学了哪些长度单位?你能举出用它们作单位的例子吗? (如:教室门大约高 2 米。)

(2)引入课题

师:估一估,从你家到学校大约有多远?

师:生活中我们可以测量出一些长度,如果没有测量工具,该怎么办呢?

在生活中,我们还可以有多种方法估测两地之间的距离。这节课,我们一起来"估测"！为了让同学们更好地感受,这节课我们一起到操场上去测一测,走一走,跑一跑。

(3)提醒学生应该注意安全,不要随便跑动,不要互相打闹。

2.实践探究

(1)量一量

①把学生分成几个小组,每组指定一个记录员。

②指导学生用平时的步伐走一走,跑一跑,记下自己的走一步的步长或跑一步的步长,然后到记录员处登记。

(2)感知用脚步长估测距离的方法,估测教室长。

把学生分成四人一组,分组让学生走一走,算一算,估测教室距离。验证估测准确度。(在教师的组织安排下来完成)

(3)熟练用脚步长估测距离的方法,估测走廊长度。

3.拓展实践

(1)100米走路估测,验证。

①估测

数学老师与体育老师事先测量好100米的跑道,让学生分组走一走,记录并计算估测。

②验证

公布这是100米的距离,奖励估测较准确的学生。

(2)100米跑步估测,验证。

让学生分组跑一跑,记录并计算估测,自我校对。感受100米的长度。

(3)1000米走路估测,验证。

①估测

数学老师与体育老师事先测量好1000米的跑道,说明估测路程,让学生分组走一走,记录并计算估测。

②验证

公布这是1000米的距离,奖励估测较准确的学生。

4.拓展练习

回到课前的问题:估一估,从你家到学校大约有多远？课后完成。

5.全课总结

今天你有什么收获？

（四）课程活动掠影

（五）课程小结

　　在这样的数学拓展课上，能够激发学生浓厚的学习兴趣，让他们带着数学眼光去观察生活的世界，有运用数学方法去分析周围的事物和现象的数学学习习惯。通过实践、课题研究等，学生从中获得综合运用数与运算、空间与图形、统计与概率等相关知识解决一些简单实际问题的成功体验，并且学习运用所学知识解决简单问题的活动经验和方法。还能通过实践了解数学知识与学生的生活经验、现实世界及其他学科的联系，体会数学的价值。

有趣的七巧板

胡琼斐

一、课程开发背景与依据

(一)背景分析

七巧板是中国传统玩具,广泛流传于世界各国。各国都有许多专门研究七巧板的著作和狂热的爱好者。七巧板实质上已经成为世界性的益智玩具。然而,传统七巧板中的三角形太多,变化较少,因而影响和限制了它的拼图功能。为了拓展七巧板的功能,图形研究专家在传统七巧板的基础上,引用现代高等数学的几何学、拓扑学、线性规划原理,设计了现代的"智力七巧板"。从根本上改变了传统七巧板"图案量少、形象单调、没有弧线"的缺点。

同时,七巧板也是小学数学实践活动的内容,智力七巧板在开发少年儿童的智力、锻炼动手动脑能力、启迪创造意识等方面具有很强的优势。在全社会普遍关注青少年创造教育的今天,选用这一科目对于学生创造能力的培养有着积极的意义。

(二)本科目开设的教育价值

现代的智力七巧板,兼有"奥妙无穷"的魅力和"千变万化"的奇妙,它的教育价值主要体现在以下三方面:

(1)分割科学、变化灵活、图像传神,是科学和艺术的交汇,有益于提高学生的想象能力和审美情趣。

(2)容易表现事物的突出特性,有益于培养学生的观察能力、概括能力和创造能力。

(3)与数学、美学、哲学的联系紧密,有益于学生形成科学的思想方法和综合素质的全面发展。

(三)本科目开设的好处与作用

七巧板的好处与用处简直是多不胜数,以下是七巧板部分的好处与用处:

形状概念、视觉分辨、认智技巧、视觉记忆、手眼协调、鼓励开放、扩散思考、创作机会。

无论在现代还是在古代,七巧板都是用以启发幼儿智力的良好伙伴。能够把幼儿对实物与形态之间的桥梁连接起来,培养幼儿的观察力、想象力,对形状分析及创意逻辑上也有巨大的引导作用。

广泛用来帮助小孩学习基本逻辑关系和数学概念。可以帮助孩子认识各种几何图形、数字、认识周长和面积的意义,了解毕氏定理。

七巧板还可以教导小朋友辨认颜色,引导小朋友领悟图形的分割与合成,进而增强小朋友的手部智能、耐性和观察力。亦可用以说故事,将数十幅七巧板图片连成一幅幅的连贯图画,即可当漫画故事说给小朋友听;先拼出数款猫、几款狗、一间屋,即可说出一美妙动人的故事。

本教学设计遵循教学规律,体现了以教师为主导、学生为主体、实践操作为主线的教学理念。在教学过程中实现学生的全员参与;使用教师引导、作品展示、重点讲解、自主制作、主题创作、欣赏评价等方式,根据教学要求,适当分配时间,老师评价的同时,让学生参与作品互评,促进学生学习的积极性和主动性,师生互动学习,通过学生讨论、协作学习,形成生生互助学习的良好氛围。评价采取多元化的评价方式,并贯穿于整个活动过程。

二、课程目标

1. 通过系统训练使学生做到拼搭迅速、技巧熟练、锻炼学生的动手动脑能力。

2. 激发学生的科学兴趣,启迪学生的创造意识,培养他们用科学的方法分析问题,解决问题,提高科学素质。

3. 寓教于乐,让学生在愉悦的氛围中了解祖国传统文化的悠久历史和深厚的文化底蕴,从而受到优秀文化的熏陶。

三、课程内容

1. 认识七巧板

2. 制作七巧板

3. 按图拼样

4. 按图分解

5. 按题拼图

6.专题设计

7.一图多拼

四、课程实施设想

(一)活动组织形式及实施原则

授课形式:教师讲授与学生自主探究相结合,教师引导与学生自主练习相结合,自主学习与合作学习相结合,成果展示。

系统训练——按由易到难的顺序,分别进行指导训练,帮助学生掌握拼搭的技巧。

小组竞赛——遵循公平、公正的原则,进行按图拼样、按图分解、按题拼图的竞赛,按照速度、熟练度、创造性的要求评比。

作品展示——将优秀成果展示出来,激发学生的兴趣。

(二)活动设计要求

让学生体验成功的喜悦;

迎接新鲜的挑战;

留下回味的余地;

搭建展现的舞台;

发挥科技的优势。

(三)必要的技术使用原则

加强思想教育,引发内部动力;给学生创造成功的机会,使学生树立自信;渗透数学的思想方法,提高学生的学习能力。

五、课程评价建议

(一)评价的原则

参与性原则——参与情况和参与态度的考核,即学生是否参与了活动的某些环节,参与是否主动积极,同时重视学生自觉参与评价。

主体性原则——强调学生的自我评价,强调学生在评价中的主体地位。让学生自我评价有助于学生明确活动目标,从而自觉的严格要求自己。

过程性原则——注重学生在活动过程中的表现以及他们解决问题的过程,而不是仅仅针对得出的结论,即注重学生在活动过程中的实际体验和发展程度。

多元性原则——允许对问题的解决有不同的方案,而且表现自己学习的形式也可以丰富多样。评价的主体也是多元的,领导、教师、学生、家长、校外辅导员和旁观者都可以作为评价者。

激励性原则——重在发现和肯定学生身上多蕴藏的潜能、所发现的闪光点,鼓励学生大胆想象、创造和实践,激励与维持学生在活动过程中的积极性、主动性和创造性。

(二)评价标准

重视过程评价——特别关注学生参与的态度、解决问题的能力和创造性,关注学习的过程和方法,关注交流与合作,关注动手实践以及所获得的经验与教训因此要采用形成性评价的方式。

以学生自我评价为主——让学生自我评价,其压力较小,学生可以充分地畅谈自己参与活动的体验、经验和教训,自由地交换意见。同时,这种集体和个人的自我评价也可以使学生享受到健康的民主风气的熏陶和教育。

评价的开放性——在学生自我评价的基础上,应尽可能地采用集体讨论和交流的形式,将个人和小组的经验及成果展示出来,并鼓励相互之间充分发表意见和评论。

(三)评价的操作说明

学生自评——自评内容包括:

(1)你是否一直对参与的活动感兴趣?

(2)你收集信息、资料的途径有哪些?

(3)你在活动中遇到的最大问题是什么?

(4)本次活动中你最感兴趣的是什么?

(5)你对活动成果是否满意?

(6)本次活动中,你发现了什么?

(7)活动中,你最大的收获是什么?

方式:每一个活动结束后,学生填写"综合实践活动记录与评价表"或用描述性语言的方法对以上内容进行一次自评,完成后全体成员均上交一份自评表给指导教师。

同学互评——由活动小组的组长为组员作活动表现的评价,而组长则由其组员评价,这样既可以促使学生在活动中相互督促完成工作,又可以树立起组长的威信,同时形成团体意识。

互评内容包括:

（1）小组成员合作是否愉快？

（2）你们在活动中遇到哪些困难或问题？

（3）你们是怎样合作克服困难的？

（4）你们认为下次活动还应从哪些方面加以改进？

方式：每一个活动结束后，小组成员集体讨论，由组长执笔，用以描述性评价方法为主的方式对以上内容进行评价，完成后每组交一份给指导教师（低年级学生在活动结束后由负责老师安排评价、互评及家长评价的形式进行活动评价）。

教师评价——根据自己平时指导的情况，客观的对学生进行综合评价。

评价的重点：一是评定以下几方面的等次。

1. 活动态度方面

A. 态度是否积极，是否主动组织或参与活动？ B. 与小组同学合作是否良好？ C. 活动是否认真、善始善终？ D. 是否勇于克服困难？

2. 知识技能方面

A. 查阅资料技能。B. 实地观察记录能力。C. 调查研究能力。D. 整理材料能力。E、运用工具能力。F. 交往与表达能力。G. 分析总结能力。

3. 创新意识和实践能力方面

A. 选题新颖、独特性。B. 研究问题方法的积极性、多样性。C. 活动方法的灵活性。D. 独立设计活动、开展活动能力。

二是撰写突出学生个性特色的评语，注意评语要具有正面性、鼓励性、指导性。

六、课例

（一）教学内容

有趣的七巧板。

（二）教学目标

1. 通过拼图，体会图形的变换，发展空间观念。

2. 在学习活动中积累对数学的兴趣，培养与同学的交往、合作意识。

3. 在动手动脑的过程中发展想象能力，培养创新意识。

（三）教学重点

感悟平面图形特点，培养学习兴趣，发展空间观念。

（四）教学难点

创造性地拼图。

（五）教具准备

课件,师、生每人一副七巧板。

（六）教学过程

1. 引入课题

（1）复习已认识的图形

师:我们已经认识了许多图形,不知道小朋友还认不认识它们,记不记得它们的名字,师出示图形生辨认图形。

（2）欣赏图形

师:小朋友们喜欢玩拼图游戏吗? 老师拼了许多漂亮的图形,想不想欣赏一下? 课件演示拼好的图案,学生欣赏。

（3）揭示课题

师:这些漂亮的图形都是七块图形拼成的,这七块图形叫"七巧板"。这节课我们就来学习《有趣的七巧板》。（板书:七巧板）

2. 初步感知

下面教同学们认识七巧板。

师:七巧板有几块? （提问回答）

生:七块。

师:看一看一副七巧板有几种不同的图形? （提问回答）

生:有三种图形,有三角形、正方形和平行四边形。

师:数一数每种图形各有几块? （提问回答）

生:有 5 个三角形、1 个正方形和 1 个平行四边形。

师:比一比,哪些图形是完全一样的? （提问回答）

生:两个大三角形一样大,两个小三角形一样大。

师:为了我们拼图的时候讲解方便,我们现在把每块图形都标上序号表示,两个完全相同大三角我们用 1 号 2 号表示,相同的小三角我们用 3 号 4 号表示,剩下的一个三角形用 5 号表示,正方形用 6 号表示,平行四边形用 7 号表示。

3. 自主探究

（1）组织拼图

师:你们想不想也用七巧板来拼一拼? 请大家拿出准备好的七巧板。

（2）用两块拼

师:先来简单一点的,请用七巧板中的两块图形拼成一个正方形,哪位小朋友说说可以选用哪两块?

生:我用两块大三角形拼成一个正方形。

师:有不同的意见吗?

生:……

师:刚才我们用大小完全一样的两个三角形拼成了一个正方形,你还会用这两块三角形拼成其他的图形吗? 指名回答。

小结:用这两个完全一样的三角形,通过不同的摆放,可以拼成我们认识的正方形、三角形、平行四边形这三种不同的图形。

(3)用三块拼

师:如果拿出七巧板中的三块,可以拼成哪些已经认识的图形呢? 同桌两个也可以合作,请大家先试一试。

师小结:用七巧板中的三块可以拼成正方形、长方形、三角形、平行四边形、五边形等。

(4)用四、五、六块拼

师:这一次我们要来难一点的,用七巧板中的四块、五块或六块也能拼出我们认识的图形。如果有困难,可以小组合作,每四人为一组,小组内可以商量商量,注意合作的时候只能用一副七巧板中的几块,你还可以打开课本第19页仿照书上的图形拼。拼好后先在小组内说说你用哪几块拼出了什么图形。

(5)用七块拼

师:七巧板不仅能拼出我们学过的图形,还能拼出生活中看到的各种有趣的图形。现在请你们发挥自己的想象,拼出你在生活中见过的事物。可以将你想拼成的图案在七巧板背面黏上双面胶,贴在白纸上。随机把先拼好的美丽图案贴在黑板上,集体反馈,进行评比。

①参观、点评作品。

师:你最喜欢谁的作品?

师:看来同学们都动脑筋拼出了各种美丽的图案,获得了丰收。

②介绍七巧板的文学知识。

师:七巧板是我国古代发明的一种图形玩具,距今已有二千五百多年的历史,用七巧板可以拼成几百种不同的图形,外国朋友对我们的七巧板也很感兴趣,给它取了个神奇的名字叫"唐图"。

4. 全课总结

今天,我们学习了有趣的七巧板,你们能说说你们的收获吗?

生1:我知道了七巧板能够拼出很多很多的东西,有我们学过的图形和一些生活中见到的图形。

生2:我还知道七巧板是由哪些图形组成的。

在剪纸中学习数学

林丹雅

一、课程开发研究的背景

剪纸活动在数学中应用最广泛的是轴对称图形这一课,学生在学习过程中表现出浓厚的学习兴趣。这引发了我的思考,既然剪纸活动可以应用在轴对称图形这一课中,是否还可以应用在其他数学教学课程中呢? 通过梳理小学数学教材,阅读相关文献,我们发现,广义的剪纸活动能促进学生理解、掌握"图形与几何"板块中的大量知识,同时还可以开阔学生的视野,提高学生的动手操作能力,发展学生的空间观念。并且剪纸活动有以下几点好处:成本低廉、材料丰富、入门简单、操作性强等。

二、课程目标

1.通过数学与剪纸的结合,可以培养学生的数学素养,帮助学生学会理性思维,培养学生的空间观念,能够根据物体特征抽象出几何图形,根据几何图形想象所描述的实际物体、描述图形的运动变化等。

2.通过鼓励学生动手动脑,培养学生的创新意识和应用意识是切实可行的。

3.在具体操作中,学会友好、融洽地讨论和交流问题,能够准确地表达自己的想法;勇于尝试,不惧怕失败;在发现和创造的过程中获得成就感。

三、课程内容

单元	单元主题	活动内容	活动目标	课时安排
第一单元	美丽轴对称	轴对称图形	能够认识轴对称和轴对称图形,并能找出对称轴	2
		最美长方形		2
		论证正方形		2
		百变棱形		2

单元	单元主题	活动内容	活动目标	课时安排
第二单元	变换与平移	平移与图形变换	理解平移变化的基本性质	2
		花边剪纸		2
		多层花边		2
		小熊的地毯		2
		手工课上的难题		3
第三单元	严谨的柱体	制作长方形	认识了解各种柱体以及简单的性质	2
		长方体展开图		2
		圆柱体		3
		三角柱体		2
		你想要的柱体		2
第四单元	削尖脑袋的椎体	圆锥体	认识了解各种椎体以及简单的性质	2
		三角锥体		2
		四角锥体		2
		锥体的规律		2
第五单元	奇妙的正多面体	正四面体	认识了解正多面体以及简单的性质	2
		正六面体		2
		正八面体		2
		正十二面体和正二十面体		2
第六单元	魔幻剪纸	莫比乌斯带	认识莫比乌斯带,会制作莫比乌斯带	1

四、课程实施方式

（一）课堂讨论法

课堂讨论法就是学生根据教师所提出的问题,在集体中相互交流小组的观点或个人的看法,相互启发,相互学习的一种教学方法。课堂讨论的形式具有多样性,既有小组讨论、全班交流,又有自由讨论、生生互动,也有师生共同参与,师生互动。讨论教学法的特点是以学生自己的学习活动为中心,让学生由被动接受知识转变为主动获得知识,在学习中真正处于主体地位。

为了让学生真正受益,可以制定以下课堂讨论的规则:

(1)认真倾听他人的意见,让人把话说完。

（2）就事论事，只讨论观点，不针对个人，切忌攻击他人。

（3）说出自己的观点，尽量不要重复他人的意见。

（4）欢迎提出反对意见。

（5）感谢错误的观点。

（二）合作学习法

合作学习法就是在教师的组织下，以学习小组为单位，为特定的学习目标展开的交流活动。

在完成具有一定难度的学习任务时，我们采用小组合作学习的方式。例如：在学习"正方体展开图"这一内容时，学生需要先研究展开图能否折叠成正方体，然后再对各类展开图进行分类。

（三）探究学习法

对学生进行探究学习法的学习方法指导，就是指导学生以建构主义学习理论为指导，在理解探究学习法的基础上学会确定探究的问题，在探究中体验学习的过程，通过评价不断改进学习，促进学生全面发展。

五、课程评价的方式

（一）学生学习评价

学生学习评价主要有自评、小组互评和教师评价三种形式。

学生自评——自评内容包括：

（1）你是否一直对参与的活动感兴趣？

（2）你收集信息、资料的途径有哪些？

（3）你在活动中遇到的最大问题是什么？

（4）本次活动中你最感兴趣的是什么？

（5）你对活动成果是否满意？

（6）本次活动中，你发现了什么？

（7）活动中，你最大的收获是什么？

方式：每一个活动结束后，学生填写"综合实践活动记录与评价表"或用描述性语言的方法对以上内容进行一次自评，完成后全体成员均上交一份自评表给指导教师。

同学互评——由活动小组的组长为组员作活动表现的评价，而组长则由其组员评价，这样既可以促使学生在活动中相互督促完成工作，又可以树立起组长的威信,同时形成团体意识。

互评内容包括:

(1)小组成员合作是否愉快?

(2)你们在活动中遇到哪些困难或问题?

(3)你们是怎样合作克服困难的?

(4)你们认为下次活动还应从哪些方面加以改进?

方式:每一个活动结束后,小组成员集体讨论,由组长执笔,用以描述性评价方法为主的方式对以上内容进行评价,完成后每组交一份给指导教师(低年级学生在活动结束后由负责老师安排评价、互评及家长评价的形式进行活动评价)。

教师评价——根据自己平时指导的情况,客观的对学生进行综合评价。

评价的重点:一是评定以下几方面的等次。

1. 活动态度方面

A. 态度是否积极,是否主动组织或参与活动? B. 与小组同学合作是否良好? C. 活动是否认真、善始善终? D. 是否勇于克服困难?

2. 知识技能方面

A. 查阅资料技能。B. 实地观察记录能力。C. 调查研究能力。D. 整理材料能力。E. 运用工具能力。F. 交往与表达能力。G. 分析总结能力。

3. 创新意识和实践能力方面

A. 选题新颖、独特性。B. 研究问题方法的积极性、多样性。C. 活动方法的灵活性。D. 独立设计活动、开展活动能力。

二是撰写突出学生个性特色的评语,注意评语要具有正面性、鼓励性、指导性。

(二)课程质量评价

本课程在具体实施中,主要重视收集以下五个方面的信息。

其一,学生喜欢学习哪些课程板块的内容? 为什么?

其二,学生喜欢哪些教学方式? 为什么?

其三,在本课程的学习中,学生是否提升了数学学习兴趣? 具体变化程度如何? 为什么?

其四,在本课程的学习过程中,学生主要发展了哪些方面的能力? 为什么?

其五,在本课程的学习过程中,学生主要增长了哪些方面的教学知识与技能? 为什么?

六、课例

（一）教学内容

轴对称图形

（二）教学目标

1.感知现实世界中普遍存在的轴对称现象,体会轴对称图形特征,能够准确判断哪些图形是轴对称图形。

2.通过折纸、剪纸、画图、图形分类等操作活动,使学生能够准确找出轴对称图形的对称轴。

3.感受数学与生活息息相关,培养学生的学习兴趣和热爱生活的情感。

（三）教学重点

初步认识轴对称图形的基本特征。

（四）教学难点

掌握判断轴对称图形的方法。

（五）教学过程

1.创设情境,激发兴趣

在这片美丽的花丛里,飞来了一只小蝴蝶和一只小蜻蜓。请同学们仔细观察,你发现了什么? 学生可能会说,"小蝴蝶在采花粉",也可能会说,"小蝴蝶和小蜻蜓在说话"。那我们来听听它们说些什么呢? "我是最美的""我才是最美的"。原来它们在争论谁更美,而且争得不相上下。一朵小花听见了,就给它们出了个主意,"既然你们都认为自己很美,不如这样吧,我们来设计一个一人一半的图形,那样的图形才是最美的吧?"

（出示合成图形）

引导学生观察比较:"你们觉得,和小蝴蝶小蜻蜓的图案相比,哪一幅图比较美?"通过观察,学生可能会说,"小蝴蝶和小蜻蜓的图案比较美",也可能有小部分学生会说,"一人一半的图案好看"。对此,我不打算做任何结论,只是想通过学生的认知冲突引发学生的求知欲。"为什么大多数同学认为这幅图没有那么美"? "因为这幅图的左右两边大小不一样"。学生的回答是自然的,也正是我所需要的。于是我追问:"那像小蝴蝶小蜻蜓这种两边大小一样的图形,我们叫它什么呢?"预习的同学可能会说,"对称图形"。甚至说得更完整,"轴对称图形"。待学生回答后我进行如下小结:"轴对称图形在日常生活中随处可见,它与我们的生活息息相关,今天老师和大家一起认识美丽的轴对称图形。"

(通过让学生观察情境导入新课,既激发了学生浓厚的学习兴趣,又为后面的新知内容做好铺垫。)

2. 指导观察,认识特点

"生活中还有没有这样的图形呢?""请同学们认真观察,看看这些图形有什么特点,把你的想法和小组里的成员说一说,然后向全班同学汇报。"引导学生观察脸谱、剪纸、旗子的图形特点,通过观察、思考和交流,在全班汇报时,有的学生可能会说,"这些图形都很美",有的可能会说,"这些图形的两边分别对应相同"。

(通过观察,学生对轴对称图形有了初步的感知。这两个环节的设计,使学生切实感受到自然界和生活中具有轴对称性质的事物有很多,初步体会到这些图形的两边分别对应相同。接下来,将由老师演示导学,指导学生动手操作)

3. 演示导学,动手操作

"同学们想不想亲自动手制作这样的轴对称图形? 请大家拿出一张长方形纸,先把长方形纸对折,在折好的一侧画一个你喜欢的图形,把它剪下,再把纸打开,你有什么发现?"引导学生观察得出:折痕两侧的图形完全重合。"和前面看到的图形有没有什么共同的特点?"从而引导学生概括出轴对称图形的概念和认识对称轴。

(通过前两个环节的感性认识,电脑形象的演示,教师适时的引导,学生动手操作,从而引导学生得出轴对称图形的概念,这些都有利于培养学生的观察和概括能力。)

当学生了解了轴对称图形和对称轴后,让学生观察日常生活中常见的物体,通过观察学生很容易发现这些图形沿着一条直线、甚至多条直线分别对折,两侧图形能够完全重合,这些图形都是轴对称图形。通过观察判断,进一步加深了对轴对称图形的认识。

(为了让学生充分体验到轴对称图形的这一特征,这个环节安排了折一折,画一画,剪一剪等一系列活动,让学生多种感官参与教学活动。让学生通过观察平面图形的特征,动手操作进行实践,找出判断轴对称图形的方法。)

4. 综合练习,发展思维

(1)游戏:全体起立,每人做一个姿势,从正面看左右两边是对称的。再请三人上台表演。

(2)抢答:观察周围哪些事物的形状是轴对称图形

(这样设计不仅活跃了课堂气氛,而且检查了学生掌握新知识的情况;既激发了学生的学习兴趣,又让学生感到数学就在自己身边。)

"生活中不仅有些物体的形状是轴对称图形,我们所学的数字、字母和汉字中也有一些可以看成轴对称图形。"

(3)判断:

(1)下面的数字,哪些是轴对称图形,它们各有几条对称轴?

0 1 2 3 4 5 6 7 8 9

(2)下面的字母,哪些是轴对称图形,它们各有几条对称轴?

A B C D E F G H

(3)像这样写法的汉字,哪些是轴对称图形?

口 工 用 中 日 直 水 甲

"通过这道题的练习,可以看出中国的汉字是非常美的,谁还能举例说一些这样的汉字?"

(师生共同品位中国文字的对称美,从而弘扬中国文化,做到知识性、技能性和艺术性融为一体。)

(4)拓展练习

(5)推理

5.回顾全课,归纳小结

今天学了什么?

什么叫轴对称图形?

怎样判断轴对称图形?

什么叫对称轴?

怎样找出轴对称图形的对称轴?

通过新课后的总结,帮助学生理清知识结构,形成完整的认识。

秤中的数学奥秘

葛纯总

一、课程背景

《克和千克》是人教版《义务教育课程标准实验教材·数学(二年级下册)》第六单元的学习内容。本节课学习的就是质量单位克和千克。虽然学生在生活中接触过质量问题,但质量单位还是第一次接触,还缺乏认识,所以教学的关键是通过各种实际操作活动,增强学生对克和千克的感性认识。秤作为生活中衡量物体质量的工具,能将物体质量具体化、量化,改变学生固有的描述物体的习惯,如"轻""较轻""较重""重"等,本课程活动以探究方式为主,采取提出问题、建立假设、设计实验方案、收集事实与证据、检验假设、交流和评价的活动方式,让学生通过在称量物体的实践探究中愉快地进行数学学习,提高孩子的动手实践能力和语言表达能力。

二、课程规划

(一)课程主题

学生能围绕"秤的数学奥秘"这个主题,发现、提出自己感兴趣的、想要研究的问题。

(二)课程理念

1.制作简易秤和使用天平称量物体的质量会有利于培养学生的动手实践能力。

2.分析记录的测量数据(采取克和千克作为单位),有利于提高学生的语言表达能力,提升思维能力和辨析能力。

3.有利于提升学生对克与千克的感性认识。

(三)课程目标

1.通过讨论、交流,对提出的问题进行分析、筛选、归类、提升,转化为小组活动主题。

2.学生通过发现问题、提出问题,并把问题转化为活动主题的这个过程,提高自身发现问题、提出问题的能力及意识。

(四)课程内容

活动主题	活动内容	活动目标	课时安排
估算物体的质量	掂一掂,猜一猜	能衡量生活中物体的轻重	2
熟悉秤的发展历程	查资料,说故事	通过查阅书本资料、网络视频学习等方式了解秤的发展历程,以讲故事的形式向同学们展示	3
了解秤的工作原理和用途	对秤进行简单分类	通过了解秤的工作原理和用途将秤简单分类	2
制作简易秤	制作简易秤	1. 制作秤 2. 用简易秤衡量物体的轻重 2. 分享制作心得和学习心得	4
托盘天平的使用	会用托盘天平称量物体的质量	1. 了解托盘天平的构造 2. 托盘天平的平衡原理 3. 托盘天平的使用方法 4. 托盘天平使用的注意事项 5. 能够正确分析使用托盘天平称量时所发生的错误 6. 天平的维护和保养	12
质量问题	会用托盘天平和秤解决数学问题	会用秤解决数学问题	5

(五)课程实施

1.开设年级:二年级。

2.课时安排:按照课程难易程度划分为 4 个专题,一学年共 27 课时,每周一课时。

3.活动形式:理论与实践相结合。

4.教学策略:探究式学习:提出问题、建立假设、设计实验方案、收集事实与证据、检验假设、交流和评价。

(六)课程评价

1.采用学分制:分值达到 60 分为合格,85 分以上的为优秀。

2.评分标准:(1)向同学讲述秤的发展历程 10 分;(2)了解秤的工作原理,能对称进行简单分类 10 分;(3)制作称 20 分;(4)熟悉天平的构造,能正确使用天平

20分;(5)会用秤解决数学问题30分。

三、课例:克与千克的认识

(一)创设情境,初步感知

(师出示1kg的挂面,400g的挂面各一捆。)

师:同学们,你们知道哪捆挂面重吗?

生:大捆的重(1kg的)。

师:是不是这样呢?谁来掂一掂告诉大家结果?

生:学生争先恐后的掂,汇报结果,都认为大捆的重。

师:通过掂一掂,大家说得很正确,那怎样才能知道它们究竟有多重呢?

生:看包装袋上的净含量。

师:这种办法不错,现在找一名同学读一读这两捆挂面的净含量(生读师大屏幕出示的两个净含量)。

师:看到这两捆挂面的净含量,你想说些什么?

生1:kg和g分别是什么意思?

生2:为什么数大的反而比数小的挂面轻呢?

师:谁能帮助他们解决这两个问题?(有一些学生举手)

生1:g表示克,kg表示千克。(生答师板书)

生2:kg用来表示较重的物体的质量,g用来表示较轻的物体的质量,所以1kg的挂面重。

师:回答得太好了!看来他们平时很注意观察,很善于积累知识,希望我们都向他们学习。

师:克和千克它们是国际上通用的质量单位,用来表示物体的轻重,称为物体的质量。这节课我们就来研究克和千克。(完成课题)

[这一环节教师设计得非常巧妙,也很有新意,让学生产生疑问,激发探究欲望。]

(二)操作体验,建立概念

活动一:认识秤

师:直接看物品包装袋的净含量可以知道物品的质量,但很多物品没有包装,比如:桌上的鸡蛋、苹果等物品,要想知道它们的质量该怎么办?

生:用秤称。

师:那这些秤你们认识吗(多媒体课件展示)?

师:你们在什么地方见过这些秤?

生1:我在蔬菜商店见过电子秤。

生2:我在副食品商店见过盘秤。

生3:我家有磅秤,用来称化肥。

生4:我们每年体检时,见过体重秤。

师:同学们见识真广!

师:谁会使用这两种秤,(出示弹簧秤和台秤)你能来量一量吗? 边量要边给大家介绍秤的使用方法。

生1:(举起弹簧秤)弹簧秤最小刻度是0,最大刻度是50,后面单位是g,也就是这个弹簧秤只能量0—50g范围内的任何物品。

生2:这个弹簧秤每个小格表示1克,每个大格10克。

生3:使用时,弹簧秤要垂直拿起来,把物品轻轻地挂在秤钩上。

师:弹簧秤大家都会使用了,那台秤呢? 谁来介绍一下。

生1:上面的盘子叫作托盘,把要称的物体放在托盘里。

生2:要先看下面的刻度盘是用kg做单位,最多能称10kg。

生3:比如把这串葡萄放到托盘里,指针指到1,这串葡萄就是1千克。

师:同学们说得太清楚了,老师都会用了,但我认为无论使用哪种秤,比如盘秤,手要离托盘远一些,以免称量不准。

师生共同总结:通过刚才同学的介绍,我们知道了弹簧秤用来称较轻的物品,台秤用来称较重的物品。

[这一环节安排的非常必要,也非常合理,既奠定基础,又让数学学习回归生活。]

活动二:认识克

1. 掂一掂

师:请同学们拿出一个一角硬币,放在手里掂一掂,有什么感觉?

(生兴趣很高,纷纷掂量)

生:很轻。

2. 称一称

师:要想知道究竟有多轻? 怎么办?

生:用秤量。

师:选择什么秤呢?

生:弹簧秤。

师:那我们现在就用弹簧秤称一称吧!

师:老师真为你们感到高兴! 我们一起再来掂一掂,感受一下 1 克的质量。

师:1 克真的是好轻。1 角硬币约 1 克重,1 克相当于 1 角硬币的质量。

3. 找一找

师:生活中大约 1 克重的物品很多,谁能说一说?

生 1:两根皮套大约 1 克。

生 2:3 粒黑豆、3 个曲别针大约 1 克。

师:我们可以和 1 角硬币进行比较寻找 1 克的物品。

4. 猜一猜

师:同学们不用称,猜一猜几粒黄豆的质量大约是 1 克? 猜完之后再称一称看对不对?

生 1:我们组 5 粒黄豆。

生 2:我们组 7 粒黄豆是 1 克。

师:为什么同是黄豆,各小组多少却不一样呢?

生:黄豆大小不一样,个数也不一样。

师:太好了,同学们能够结合自己的物品体会 1 克的质量了。

[使学生经历了体验 1 克质量的全过程,学生在活动中,通过动手操作实验感受到了数学学习的快乐。]

活动三:克与千克

1. 感知 10 克、100 克

师:1 个 1 角硬币约重 1 克,10 个 1 角硬币呢? (10 克)把组内 10 个硬币放一起互相掂一掂,感受 10 克质量。

师:你知道一个鸡蛋有多重吗? 你们掂一掂、猜一猜、再称一称。

生:量出大约 50 克。

师:2 个鸡蛋大约多少克? (100 克),把两个鸡蛋放到手里掂一掂。感受 100 克有多重。

师:看你们带来的食品袋上的净含量是多少? 掂一掂(感受几十克的质量)称一称(看包装与实际质量是否一致)。

生 1:亲亲虾条净含量:26 克。

生 2:可比克薯片 60 克。

生 3:DiD 逗 20 克。

生4:酱乌梅45克……

生5:我发现意大利干面净含量是45克,可是量完之后发现是40克。

师:有时称量的结果和净含量差得多,说明商家有欺诈行为,我们买时要掂一掂。

2. 感受 1000 克

师:请同学们从学具袋中拿出一袋盐,看看质量标注是多少?(500克)

师:一袋盐重 500 克,那两袋呢?

生:1000 克。(板书)

师:要想称一称这两袋盐,用刚才使用的弹簧秤合适吗? 为什么?

师:那好,现在用台秤称一称两袋盐有多重。

生:1 千克。(板书)

师:还是这两袋盐,计算得到的是 1000 克,用秤称是 1 千克,你发现了什么?

(同学们纷纷站起来,异口同声地说)1000 克等于 1 千克。

师:对! 也就是说 1000 个 1 克就是 1 千克。

师:读一遍,注意两个单位的不同读法,要区分开。

[这一活动符合学生的认知规律,在建立克和千克关系的过程中,培养了学生的多种能力]

活动四:体验千克

1. 掂一掂

师:那么我们再掂一掂两袋盐,感受 1 千克有多重。

师:掂过后,你有什么感受?

生1:1 千克的物品有点重。

生2:1 千克的物品拎时间长了胳膊有点酸。

师:确实 1 千克和 1 克比,重很多。

师:请记住这个感觉,现在我就要考考你们的感觉准不准?

2. 估一估

师:(出示 1 千克的沙果,1 千克饼干)找几组同学掂一掂,估一估它们的质量。(生估计出几种答案)

师:意见不统一,我们来称一称吧!

(生测量发现一样重。)

师:其实是一样重的,我们掂时一定要和 1 千克给你们的感觉进行对比。

师:你能从你的材料袋里称出 1 千克重的物品吗? 请各小组同学互相合作。

(有的称,有的忙添物品,也有的在换物品)

生1:6个苹果。

生2:1袋饼干。

生3:2包面条。

生4:一袋500克的薯条,2个50克的火腿肠,一捆400克挂面……

师:请各小组组长把你们组称出来的1千克物品举起来,你发现了什么?

生:它们大小不一样,都是一样重。

生:都是1千克重,但有的物品多一些,有的少一些。

师:为什么呀?

生:轻的东西就多一些,重的东西就少一些。

师:你分析的很有道理(竖大拇指)。

3. 比一比

师:看老师这有1千克的棉花和1千克的盐比较,哪个重些?为什么?

生:一样重,因为它们都是1千克。

师:请各小组同学拿出自己的书包,先估计一下有多重,再来称一称。(小组活动,并记录下估计的重量和称出的重量。)

(根据学生的汇报,教育学生合理安排自己学习用品的好习惯。)

师:两袋盐、书包是用千克做单位,生活中还有哪些物品用千克做单位?

生:买西瓜,买菜……

师:这些东西用千克做单位,可平时我们却经常用到斤,你们知道它们之间有什么关系吗?

(简要介绍:1千克=1公斤,1斤=500克)

师:还有什么用千克做单位?

生:体重。

师:你知道你自己的体重吗?让我们来称一称(找胖、中、瘦各一名)。

生1:(胖)45千克。

生2:(中)32千克。

生3:(瘦)25千克。

师:看来我班同学体重的差距很大,要根据自己的情况合理饮食。

[这一环节,教师把数学学习活动与现实生活紧密联系,提高了学生对数学知识的应用意识。]

（三）实践应用，内化提高

1. 猜一猜

师：下面我们玩一个猜奖品游戏，老师的百宝箱里今天又藏了很多礼物，如果你想得到，要先猜一猜它有多重，或在给出的数据后面填出单位，或进行单位换算。谁猜的准就奖给谁。（教师摸出一件物品，让学生掂一掂，猜一猜，最后出示答案，奖给猜的准的，做的对的同学。）

2. 分一分

奶奶买了很多食品，请大宝、小宝两兄弟帮忙提回家。大宝能提 13 千克，小宝能提 11 千克。想一想，他们应该怎样分工才能把所有的东西一起提回家？各小组讨论，设计方案。

一袋大米 10 千克　　小白菜 1000 克　　菠萝 2 千克

一壶油 6 千克　　一条鱼 3 千克　　黄瓜 2000 克

［练习具有应用性和开放性，使学生获得数学知识的同时，三维目标得到有效落实。］

（四）总结评价，拓展延伸

让学生谈本节课的收获？进行自我评价。

生1：认识了质量单位克和千克。

生2：称较轻的物品用克做单位，称较重的物品用千克做单位。

生3：1 千克等于 1000 克。

……

师：以后我们再买物品时，先掂一掂、估计一下它的质量，然后再看标签和称量。比较一下自己估计的准不准。我们要想真正成为"克"和"千克"的好朋友。就要在生活中多观察、多体验，希望我们都能成为生活中的有心人。

天平与等式

徐振涛

一、课程开发背景与依据

（一）背景分析

托盘天平，一种实验室常用的称量用具。由支点（轴）在梁的中心支着天平梁而形成两个臂，每个臂上挂着或托着一个盘，其中一个盘（通常为右盘）里放着已知重量的物体（砝码），另一个盘（通常为左盘）里放待称重的物体，游码则在刻度尺上滑动。固定在梁上的指针在不摆动且指向正中刻度时或左右摆动幅度较小且相等时，砝码重量与游码位置示数之和就指示出待称重物体的重量。

根据天平性质，小学阶段在"等式的性质"教学中就利用了天平帮助孩子了解抽象的等式性质。

1. 在直观情境中，按"形象感受——抽象概括"的方式教学等式的性质。用天平呈现的直观情境形象地表示等式两边发生的变化及结果，有利于学生的直观感受。又在学生观察现象、分析等式变化的基础上及时地抽象、概括出等式的性质，使学生进一步积累了数学活动的经验，初步发展了抽象概括能力。

2. 循序渐进地教学等式的性质。在引导学生发现等式性质的过程中逐步推进：先从不是方程的等式过渡到方程，再由加同一个数过渡到减同一个数，这样的设计符合学生的认知规律。

（二）本科目开设的教育价值

天平作为科学学科重要的研究工具之一，在科学课上必然有所了解、应用。但是学生不会想到原来天平在数学中也有如此丰富的应用，让学生感受到科学与数学之间的联系，培养学生善于观察、发现、归纳一些事物共同特点或原理的眼光。

（三）本课程的好处与作用

《数学课程标准》中指出"教师活动是师生积极参与，交往互动，共同发展的过程""学生是学习的主体,教师是学习的组织者、引导者、合作者"。

学生通过操作演示理解天平平衡的原理,初步理解方程的解和解方程的含义,会检验一个具体的值是不是方程的解,掌握检验的格式。

教学过程中充分发挥学生的主体性和主动性,将方程与等式进行类比,产生质疑,然后认识"方程的解"和"解方程"这两个概念,明确两者之间的区别与联系,师生共同探讨解方程的过程,培养学生的自主探究能力,探索交流解方程的方法,培养学生的自学能力。

二、课程目标

1.让学生课后收集资料、课堂集中分享,使其对天平的起源及原理有所了解,初步掌握天平的操作方法,不但有利于相关数学知识的教学,也是对科学知识的再次深入了解。

2.通过将科学中的天平与数学联系起来,激发学生的科学兴趣,让学生知道很多知识或原理都是相通的,培养他们善于观察、发现并归纳一些事物共同特点或原理的眼光,用科学的方法分析问题、解决问题,提高综合素质。

3.让学生在愉悦的氛围中了解科学与数学的联系,寓教于乐,明白不同学科之间存在互相联系、互相促进的关系。

三、课程内容

活动主题	活动内容	活动目标	课时安排
熟悉天平的发展历程	收集资料、课堂分享	通过不同方式了解天平的发展历程、使用方式,并在课堂上分享。	2
理解"等式的性质"	摆一摆,算一算	1.借助天平理解"等式的性质"。 2.会利用"等式的性质"解决简单的计算问题。	4
探究解方程的方法	知识迁移,借助托盘天平,结合问题情境总结方程解法	1.会解简单的方程。 2.能根据题意列出数量关系,并能根据数量关系列方程。 3.尝试对方程类型进行分类,并总结相应解法。	5
列方程解决实际问题	会借助"等式的性质"解决数学问题	会独立解决数学问题。	5

活动主题	活动内容	活动目标	课时安排
拓展:数学广角 ——"找次品"	借助天平学习数学 广角——找次品	1.能明白托盘天平的称量特点。 2.能根据特点确定次品所在位置。 3.能尽量分配各个所在位置的可能性。 4.掌握"找次品"问题的解决方法。	4

四、课程实施设想

(一)活动组织形式及实施原则

授课形式:教师讲授与学生自主探究相结合,教师引导与学生自主练习相结合,充分发挥学生自主性。

小组合作、探究性学习:提倡小组内共同参与分析现象,交流最终结果,并积极展示,分享经验。

(二)活动评价标准

1. 过程评价——特别关注学生参与的态度、解决问题的能力和创造性,关注学习的过程和方法,关注交流与合作,关注动手实践以及所获得的经验与教训,因此要采用形成性评价的方式。

2. 学生自我评价——让学生自我评价,学生可以自由、充分地发表意见。

3. 评价的开放性——在学生自我评价的基础上,应尽可能采用集体讨论和交流的形式,鼓励相互之间充分发表意见和评论。

五、课例

(一)教学目标

1.让学生在具体情境中初步理解"等式的两边同时加上或减去同一个数,仍然是等式",会用等式的性质解简单的方程。

2.让学生在观察、分析、抽象、概括和交流的过程中,进一步积累数学活动的经验,感受解方程的思想方法,发展初步的抽象思维能力。

3.让学生在学习和探索的过程中,进一步培养主动与他人合作交流、自觉检验等习惯,获得一些成功的体验,进一步树立学好数学的信心。

(二)教学重点

会用等式的性质解简单的方程,书写规范,自觉检验。

（三）教学难点

理解等式的性质，积累数学活动经验，发展数学能力。

（四）教学重点

1. 通过天平游戏，探索等式的性质（等是两边同时加上或减去同一个数，等式依然成立），养成严谨的数学论证或思考的习惯。

2. 利用探索发现的等式的性质，解简单的方程。

3. 初步认识"方程的解"和"解方程"这两个概念的意义，培养自觉检验的意识。

（五）教学过程

揭示课题：

1. 复习引入

（1）教师板书"方程"后提问：同学们，我们已经认识了方程，看到"方程"你想到什么？

（2）预设：①含有未知数的等式。

②列方程的关键是找等量关系。

……

（3）教师出示天平，看图列出方程 $y + 8 = 10$，明晰等量关系。

2. 尝试解方程 $y + 8 = 10$

（1）教师提问：你会解吗？

（2）尝试：①用 $10 - 8 = 2$，所以 $y = 2$。

②可以直接想，$2 + 8 = 10$，所以 $y = 2$。

……

3. 揭示课题

师：今天我们来一起探索解方程的方法。（板书：解方程）

设计意图：如方程 $y + 8 = 10$ 这样简单的方程，学生能够运用口算、数量关系（加数 = 和 - 另一个加数）这些已有的学习经验求解，不仅利于教师了解学生已有的基础，也给学生指明了学习的新方向。

借助天平，理解等式性质：

1. 利用天平，初识等式的性质

教师出示教具天平，逐次操作：左边放一个 50g 和一个 20g 的砝码；右边依次放入 20g 和 50g 的砝码，天平由不平衡到平衡。写出等式：70g = 70g。

问题1:能不能在此基础上,改变砝码的重量,但天平依旧平衡呢?

(学生说不同的情况,教师板书相应的等式。)

问题2:这样的等式还能写吗? 你发现了什么?

(等式两边同时加上或减去同一个数,等式依旧成立。)

问题3:方程也是等式,它符合我们刚才的发现吗?

(学生举例验证:$x=100$,那么 $x+50=100+50$ 也就是 $100+50=100+50$,所以这个等式也是成立的。天平验证,解释概念名称:等式的性质)

设计意图:通过亲身教学发现,天平是有其作用的,在平衡与不平衡不断变化的具象中,学生对于等式的加与减有了更直观的感悟:等式就像平衡的天平,再平衡的天平两边加(或减)相同数量的物体,就相当于在等式两边加(或减)同一个数,等式仍然相等。

2. 尝试利用等式性质解方程

(1)教师提问:等式的性质能给你解这个方程 $y+8=10$ 带来什么新的启迪呢?

(学生尝试,反馈部分学生作业。)

(2)根据学生的作业,教师提问:为什么减去的是8,而不是其它的数呢?

(强调“抵消”的方法,明白“简化”的思想。)

(3)反思与交流。

问题1:解方程是为了得到什么? 请试着理解这样两个概念。

问题2:方程 $y+8=10$ 的解是什么?

问题3:“方程的解”和“解方程”有什么区别呢?

设计意图:无论是对“方程的解”还是“解方程”的理解,我都让学生自己先去尝试,当学生明白了等式的性质能够自然、正确的利用“抵消”进行计算时,教师需要做的是,在学生尝试的基础上引导学生对计算的过程进行反思,深化计算过程背后的意义,梳理和明晰计算的基本思路和方法。

3. 反思解方程的格式及检验过程

(1)教师出示 $y+8=10$ 解方程的过程,并提出问题:你有什么想提醒同学的?

(2)预设:①写上“解”字预示着解方程的开始,请不要漏掉。

②等号对齐,体现出数学错落有致的美。

……

(3)学生按正确的书写格式将方程 $y+8=10$ 再解一遍。教师出示:$x-19=2$,$x-12.3=3.8$,并组织下面的教学活动。

问题 1:方程 $y+8=10$ 已经会解了,那么这两个呢?

(学生独立尝试,请两名学生板演,交流解法。)

问题 2::解 $y+8=10$ 时,是在方程的左右两边减去一个数,现在为什么都是加上一个数?

问题 3:这两个结果和你的一样吗? 这两个结果对吗?

问题 4:和自己的答案一样就一定对吗? 方程的解该如何检验?

(讨论得出检验的方法)

设计意图:解方程的检验是容易被人忽视的。通过让学生对自己的作业与规范的格式进行对比,将书写格式自然内化,通过有思考性的问题和结语引发学生对检验的关注,培养学生良好的学习习惯。

利用错例,理解方法:

1. 评价学生的错误做法,改正并检验

问题 1:你认为这道题哪里有问题?

问题 2:在解方程的时候,你有什么要提醒大家的?

问题 3:解方程的原理我们可以参考哪个仪器?

2. 练习

小结:

今天这节课,你有哪些收获?

美丽的对称

——基于数学的综合实践活动

周连莉

一、活动介绍

本活动以数学学科轴对称知识为切入点,针对四年级学生开展的综合实践活动。通过对教材的二度开发,让学生自主参与活动,从生活经验的感性材料中有所领悟,有所发现,有所创造,从而提升学生的鉴赏能力、实践能力、合作能力,开拓学生视野,让实践活动中美的震撼引发学生心灵的共鸣。

二、学情分析

在二年级,学生已经认识了日常生活中的对称现象,有了轴对称图形的概念。在此基础上,要求四年级学生更加深入地理解图形的对称特征,由此进一步挖掘课堂,丰富学生的学习生活,使学生获得质的提升。

三、活动目标

1. 激发学生的数学审美情趣,引导学生领略自然世界的美妙与对称世界的神奇,发现生活中的对称美。

2. 培养学生的综合实践能力、动手操作能力和合作精神,发展学生的空间观念,发掘美的成因。

3. 培养学生的创新能力和审美能力,享受创造美的过程。

四、活动重点

1. 整合资源,明白轴对称是事物产生美感的原因,深化学生对轴对称性质的理解。

2. 创作、设计美丽的轴对称图案。

五、活动时间

四个星期。

六、材料准备

制作用的剪刀、浆糊、透明胶、七彩剪纸、白纸张、彩笔等工具材料；生活素材，如植物的叶了、物体图片等。

七、设计活动流程

激发实践兴趣（体验美）——资料收集整理自然事物、图片资料（欣赏美）——小组活动（探究美）——创作设计图案（创造美）——成果展示（成长美）——总结（升华美）

八、活动实施：游戏激发兴趣

1. 听口令

老师快速地发出口令，如：指鼻子、嘴巴、左右眼睛、耳朵及四肢的动作口令，让学生按指令游戏。这个热身游戏让学生爆发出快乐的情绪，同时又感受到人体的美学对称。

2. 跟我对着干

在轻快的音乐声中，学生两人一组，其中一位学生摆造型或舞蹈动作，另一位学生做方向相反的动作。如：一人伸右手向身体左侧弯曲，另一人则做出伸左手向身体右侧弯曲的动作，其出手、伸腿、肢体动作方向相反。这个搞笑游戏让学生亲身体验到动作上的对称美，其乐融融。

3. 猜谜游戏

猜物体或猜字谜的游戏，由一半推及另一半，从而判断是什么物体或汉字。在这个动静结合的游戏中，学生又一次感受到轴对称的奇妙以及中国汉字蕴藏的智慧和魅力。

（　）（　）（　）（　）（　）（　）

4. 教师启发式总结

同学们,在我们生活的大千世界中,轴对称图形无处不在,千姿百态,美丽动人,装扮和美化我们的生活。同学们想去探究这神奇美丽的领域吗?那么将会带给你们意想不到的收获!

（1）收集整理资料

①学生讨论收集资料的方法。

由于轴对称现象存在的广泛性,学生通过讨论得出,要进行收集整理工作前必须先分好工,并达成分组意见:自然实物组和图片资料组。可行的方法是分类加工,予以展示。

②各小组将收集的资料分类整理,展示图片。

③活动小结。

教师激励式总结:同学们参加活动,主动积极,深入到实物的方方面面,开阔了视野,陶冶了情操;不仅学会了整理收集资料的方法,而且还学会了发现美、欣赏美,真能干。希望你们带着欣赏和发现的眼光继续去探索,开展后面的活动。

(2)小组活动:探究美的元素

①教师谈话导入:在活动中,我们发现,生活中处处有数学。千变万化的轴对称图案为什么会带给我们视觉上的盛宴呢? 现在我们就从已经学过的图形出发,或许能从中找到答案。

②小组分工合作,给已学过的图形找出对称轴。

讨论:已学的图形中,哪些是轴对称图形?

剪一剪。先作图,然后把图形剪下来。

叠一叠。找出对称轴,看有几条。

画一画。沿折痕用虚线标出。

③小组展示汇报。

图形	形状	是否轴对称图形	对称轴的数量
长方形		是	2
正方形		是	4
平行四边形		不是	0
等腰三角形		是	1
圆形		是	无数
线段		是	2
角		是	1

④学生自由交流。

⑤教师抒情式总结:同学们的观点太精彩了。艺术家们设计的精湛作品把我

们带入了一个关于轴对称的绚丽多彩的世界。它们有的流线婉转,不拘一格;有的大气端庄,和谐统一;有的巧夺天工,浑然天成……对称轴就是设计美的灵魂。让我们也来做一个小小的设计家,用我们的智慧和双手去实现创造美的愿望吧!

（3）创作设计美丽的轴对称图案

①学生分组:学生按照兴趣爱好自由组合,分组进行活动。

②小组活动:展开丰富的想象,协同设计图案。

③动手实践,创作体现轴对称美的元素。

（4）成果展示

①学生作品内容主要是以轴对称为主题的剪贴画和绘画作品,其次是动漫人物设计。

②分组展示,师生评议出小组最佳作品以及综合实践明星。

③能手表演:在优美的音乐声中,民间剪纸小组的实践明星伴着歌声进行剪纸表演。

（5）总结升华

①学生谈活动收获。

②教师激情总结：同学们，这一期的数学综合实践活动告诉我们一个道理：数学源自生活，数学造就生活！实践增长知识，实践增强才干，实践合作愉快！这次活动取得了小小的成功，吸引了全校师生的关注并得到了不少的帮助，老师由衷地感谢他们的支持！并感谢你们的积极参与！

了解"一书本"
——数学活动课程设计

潘雨杉

一、课程背景

数学活动课的开设,既是教育改革的需要,也是数学教育改革的必然。纵观现行的小学数学教材,几乎每个单元都有一节综合实践活动课,可见活动课对于学生学习数学的重要性。但由于综合实践活动的知识可能是单元学习的综合应用,或是学生早已接触过的知识,本身就已经非常贴近学生生活,学习难度不高,教师可能不会在课堂上花费过多的时间和精力去上这样一堂综合实践活动课。并且综合实践活动课在小学数学教学中实施的时间不长,很多教师对综合实践活动课的教学把握不准,从而导致综合实践活动课得不到应有的重视,对新课程的实施造成了一定的障碍。

数学综合实践活动属于实践活动的范畴之一,既能为学生提供实践探索的机会,又能让学生在学习中经历研究与探索的过程,改变自己的学习方式,是培养学生创新意识和实践能力的重要途径。《数学课程标准》指出"将数学实践的目标定位在获得一些数学活动的经验,了解日常生活中的简单应用上"。因此,教师应引导学生通过数学综合实践活动课,经历观察、操作、实验、调查等实践性活动学习的过程,使学生在合作与交流中,获得良好的情感体验,引导学生探索数学在现实生活中的意义,激发学生的学习兴趣。

二、课程规划

(一)课程主题

学生能围绕书本版权页这个主题,发现、提出自己感兴趣的、想要研究的数学问题。

（二）课程理念

学生在小学时代就会接触许许多多的好书,但是只看书本的内容,对书本本身可能了解不深,然而其中其实蕴藏着很多有趣的数学问题,值得大家研究,拓展课外知识。

（三）课程目标

1. 通过收集资料、小组讨论、交流,深入、全面地了解"一本书",拓展课外知识,感受数学与生活的紧密联系,从而更加重视并热爱数学的学习。

2. 学生通过发现问题、提出问题,并把问题转化为活动主题的这个过程,提高自身发现问题、提出问题的能力及意识。

（四）课程内容

活动主题	活动内容	活动目标	课时安排
版权页的历史演变	通过网络等途径了解什么是"版权页",在身边找到一些书的版权页,说一说你已经了解了哪些内容。	了解版权页的发展历史,培养学生收集资料的能力。	1
探索研究主题	从一些常接触的书本类型中找到版权页并讨论确定值得研究的主题。	寻找研究主题,培养学生提出问题的能力。	2
丰富研究主题	学生通过收集的各种"版权页"确定一些值得研究的问题,由教师补充被学生遗漏的问题。	让书本版权页的研究活动更丰富。	1
引导举例研究	教师带领学生研究一个问题,例如对"开本"的研究,让学生感受研究的方式方法。	掌握研究的方法有哪些,提升学生学习能力。	1
学生自主举例研究	从"开本""印张""页数""字数""版次""版权期"等主题开始研究。	由学生自主选择一个研究主题分小组开展研究活动。培养学生自主分析和解决问题的能力。	9
成果展示	对以往的研究进行总结、回顾。	在活动课学习中体验成功的喜悦,感受数学与现实生活的紧密联系。	1

（五）课程实施

1. 开设年级:五年级。

2. 课时安排:按照课程难易程度划分为五个专题,一学期共15课时,每周一课时。

3. 活动形式:小组课内外组织活动,课内分小组交流、汇报。

4. 教学策略:独立收集资料、小组汇总讨论、分组制作图文并茂的电子调查报告、课堂交流学习。

（六）课程评价

1. 采用学分制。建立"积分卡",学期末分值达到 60 分为合格,90 分以上的为优秀,小组总积分最高的评选"优秀团体"。

2. 积分办法:(1)积极参与学习活动每次得 2 分;(2)课外组内活动表现优秀,由组长推荐的可得 2 分;(3)有具体小组活动计划、过程的团体得 20 分;(4)有自己研究小课题方向的得 20 分;(5)成果汇报表现优秀的得 20 分。

三、课例:版权页中的数学

（一）活动目标

1. 通过收集资料、讨论交流,选择版权页中的内容进行研究

2. 通过课堂操作,理解"开本""印张""页数"等术语的含义,初步了解它们之间存在的数学关系。

3. 活动中感受解决问题方法的多样化。

4. 尝试根据现实生活中的材料,提出数学问题并进行探究,培养学生研究性学习的兴趣和能力。

（二）活动重点

认识"开本""印张"等印刷知识及其相互联系。

（三）活动准备

课外小组活动,准备探究性学习报告。

（四）活动过程

1. 合作学习,研究开本

师:结合你们小组的课外调查,说一说什么是"开本"?

知识链接:开本指书刊幅面的规格大小,即一张全开的印刷用纸裁切成多少页。常见的有 32 开(多用于一般书籍)、16 开(多用于杂志)、64 开(多用于中小型字典、连环画)。

根据开本这个概念,明确研究方法。选择身边常用的四本书,看看版权页中对开本的表述示怎样的?"全开"又是什么意思?

层次一:概念解读

理解"全开"及裁切成多少页。

层次二:明确关系

1/16 表示把全开纸裁切成 16 等分,数学书的大小就是它的 1/16。

1/32 表示把全开纸裁切成 32 等分,语文书的大小就是它的 1/32。

层次三:渗透数学思想方法

数学书和小字典,是同样大小的全开纸中,裁切不同大小的开本。

语文书和口算,都是 1/32,为什么大小不同?

(因为他们的全开纸的大小不一样,也就是单位"1"不同,所以虽然都是平均分成 32 份,每份的大小也就不一样。)

2. 及时练习,巩固新知

(1)三本书开本的对应

师:老师这里有三本书,请你来说说,这三条有关开本的表述分别可能是哪本书的?

小结:因为美观及特殊需要,有时还有许多小大不同的开本。有 20 开、24 开等。

(2)A4 纸的裁剪

师:生活中,很多地方用到了这样二开的裁剪方式,比如,这张是我们比较常见的 A4 纸,你们知道它是怎么裁切出来的吗?

师:如果这是一张 A0 纸张,A1 纸张就是把 A0 纸平均分成两份,A1 纸张就是其中的一份大小。谁已经知道了关于 A4 纸的奥秘?

3. 研究"印张""页码""字数"中的数学

师:同学们采用了不同的方法研究开本,有通过网上调查的,有用全开纸折一折验证的,还有请教老师的,接下来,我们就用这样的方法继续研究印张、页码和字数。

知识链接:印张,书籍出版术语。它说明印这本书需多少纸张。因为一张纸可以两面印,所以两个印张才算一个全张。通过印张能算出这本书需要多少张全开纸。

(1)翻开语文书、数学书、口算,查看版权页中标明的印张数

(2)页码

通过"印张"算一算页码

①查看书本的印张数。

②找开本、印张和页码之间的关系。

③小组交流,换算语文、数学、口算书的印张与页码。

④教师说明计算方法。

(3)字数

明确单位:千字。

估一估、算一算,它是怎么算出来的?

4.学生评价

今天我们这样学数学与以往照着书本学有什么不同? 这节课你们有什么样的感受?

优化思想的渗透

黄安娜

一、课程背景

我们都知道,数学来源于生活,又应用于生活。而学习数学更加重要的是学习数学思想和方法,数学思想和方法是数学知识的精髓,又是知识转化为能力的桥梁。而其中有一个重要的思想就是优化思想,在四年级上册的《数学广角》中就有着优化思想的渗透,主要是让学生感受到优化思想的实用性,逐步培养学生的优化思想。数学方法的研究具有多样性,那么同时也要注意对其优化,形成从多种方案中找到最佳方案的意识,从而提高学生解决问题的能力。

二、课程规划

(一)课程主题

通过简单的生活事例,使学生初步体会解决问题策略的多样性,并在寻求解决问题最优方案的过程中积累数学的基本活动经验,感悟优化的数学思想。

(二)课程理念

本课程通过对生动有趣的生活事例及古代故事的分析,让学生从数学的角度经历在多种解决问题的方案中寻求最优方案的过程,初步体会运筹策略及其在解决实际问题中的应用。从而进一步理解优化思想,感受到优化思想给生活带来的方便,感悟优化思想在解决问题中发挥的重要作用。

(三)课程目标

1.通过简单事例,初步体会运筹思想和对策论方法在解决实际问题中的应用。

2.认识解决问题策略的多样性,形成寻找解决问题最优方案的意识。

3.感受到数学在日常生活中的广泛应用,尝试用数学的方法来解决实际生活中的简单问题,初步培养学生的应用意识和解决实际问题的能力。

（四）课程内容

活动主题	活动内容	活动目标	课时安排
沏茶问题	思考如何合理安排沏茶的各个环节才能让客人尽快喝上茶。	感受数学与生活的联系,逐步养成合理安排时间的良好习惯。	2
烙饼问题	思考在烙饼时如何合理安排操作是最省时间的,探索烙多张饼的最优策略和方法。	感受数学在日常生活中的广泛应用,探究烙饼中的规律,培养寻找解决问题的最优方法的意识。	3
田忌赛马	从历史故事中引入数学中的对策问题,尝试列表的方式找出获胜的策略。	体会到对策论方法在实际生活中的应用。	2

（五）课程实施

1. 开设年级:四年级

2. 课时安排:全年共七个学时,每周一课时。

3. 活动形式:班级教学,全班参与。

4. 教学策略:为学生营造实践感悟的空间,在实践中体验解决问题的多种策略,再进行比较寻找到最优的策略,应避免直接阐述数学思想而忽略了体验感悟,积累数学活动经验的过程。在动手操作的过程中提升学生的思维能力,将行为上的感知上升到思想上的认知,逐步形成数学思想。

三、具体课例:沏茶问题合理安排

（一）教学目标

1. 通过简单的生活事例,初步掌握同时做两件以上的事情时,计算时间的方法。

2. 经历运用统筹思想安排时间的过程,体验统筹思想在日常生活中的运用。

3. 感受生活与数学的联系,逐步养成合理安排时间的良好习惯。

（二）教学重点

1. 通过调整事件顺序,合理安排时间。

2. 形成合理安排时间、提高办事效率的意识。

（三）教学过程

创设情境：

板书：一寸光阴一寸金，寸金难买寸光阴。

师：这句话说明了什么的珍贵？——时间，对于商人来说时间就是金钱；对于医生来说时间就是生命；对于我们来说时间就是知识。可想而知，珍惜时间是多么的重要。那今天我们就一起来学习一下如何合理安排时间。

探究新知：

1. 课件出示例1主题图

师：如果你们家里来客人了，你们会怎么做？（拿点心、沏茶、陪他聊天）非常好，这是我们对客人最起码的尊重。今天小明家里也来客人了，我们一起去看一看。小明的妈妈要陪李阿姨聊天，让小明去给李阿姨沏一杯茶。

提问：你们知道沏茶需要做哪些工作吗？

（课件出示沏茶的工序：烧水8分钟，洗水壶1分钟，洗茶杯2分钟，接水1分钟，找茶叶1分钟，沏茶1分钟。）

师：原来沏茶有那么多的工序，你们记住了吗？ 现在老师想考考你们，看看谁最有生活经验，第一步一定要做什么？ 那最后一步呢？ 如果你是小明，你会怎么做？ 独立思考之后可以和同桌讨论一下。

生1：先洗水壶1分钟，然后接水1分钟，烧水8分钟，再是洗茶杯2分钟，再找茶叶1分钟，最后沏茶1分钟。（一件一件做）

师：那应该怎么列式？1 + 1 + 8 + 2 + 1 + 1 = 14（分钟）

师：一件一件完成这些事，花14分钟可以吗？（可以）掌声送给他。

生2：先是洗水壶，再接水，在烧水的同时先找茶杯再找茶叶，最后沏茶。

师：这样也可以完成对吗？（可以）掌声送给他。

师："同时"这个词用的可真好，他把三件事同时做了。为什么这三件事情可以同时做？（板书：同时）

师：那这种方法应该怎样列式？1 + 1 + 8 + 1 = 11（分钟）

提问：三件事情同时做，为什么只算8分钟呢？那洗茶杯和找茶叶的3分钟去哪里了？（烧水8分钟，洗茶杯和找茶叶要3分钟，所以同时做需要8分钟。）

2. 选择方法，方法优化

师：这两种方法都做了同样的事情，一个用去14分钟，一个只用了11分钟，你们觉得哪种方法可以让客人尽快地喝上茶？为什么这种方法更加节省时间？（同时做）

结论:平时我们在做事情的时候,可以考虑一下哪些事情是必须先做,哪些事是可以同时做的,然后再做出合理的安排,这样就可以节省时间。

知识应用:

1.过渡:妈妈和客人边喝茶,边聊天,忘了做饭。所以小明决定亲自动手做一顿丰盛的午餐。先烧饭和做西红柿炒蛋。

出示:打蛋 2 分钟　　切西红柿 1 分钟

洗米 2 分钟　　煮饭 20 分钟

洗西红柿 1 分钟　　西红柿与蛋同炒 4 分钟

同桌之间讨论方案:哪些事必须先做? 哪些事可以同时做?

汇报:洗米 2 分钟,煮饭 20 分钟(同时完成西红柿炒蛋的所有事情),所花时间:$2 + 20 = 22$(分钟)

2.光一道菜还不够,小明决定再做两道菜,炒青菜和排骨炒栗子。(先煮后炒)

洗青菜 3 分钟　　炒青菜 5 分钟

煮排骨 15 分钟　　煮栗子 5 分钟

剥栗子 10 分钟　　排骨与栗子同炒 5 分钟

只有一个锅可以用,现在已经是 10 点 20 分了,想让客人在 11 点前吃上香喷喷的午饭,能做到吗? 试试看。

合作设计方案,交流展示。(流程图)

煮排骨 15 分钟(同时剥栗子),煮栗子 5 分钟(同时洗青菜),炒青菜 5 分钟,炒排骨栗子 5 分钟。所花时间:$15 + 5 + 5 + 5 = 30$(分钟),所以客人可以在 11 点前吃上午饭。

你有没有其它不同的设计?

3.老师每天起床都要完成一些事情才能离开家去学校,我们一起看看有哪些事。

起床穿衣服 4 分钟　　整理被子 2 分钟

刷牙洗脸 6 分钟　　蒸馒头 7 分钟

吃早饭 6 分钟　　开车到学校 10 分钟

问:你可以帮老师设计一个方案,让我可以尽早地到学校吗? 动手试试。

师:同学们真棒,现在老师要加大难度了,你们还有没有信心? 教材第 107 页练习二十第 1 题。

对于他们的安排,你有何想法:

（1）为了节省时间，强强在乘车时看书。

（2）为了提高学习质量，红红边吃饭边看《少儿英语电视》栏目。

（3）芳芳衣袋里装着一本《脑筋急转弯》，放学后等红灯时拿出来看。

师小结：合理安排不但要考虑节约时间，也要考虑人的安全和身体健康。

课堂总结：

师：今天这节课同学们不仅帮助了小明和小明妈妈，自己也有一定的收获，你们能说一说通过今天这节课你们都有什么收获吗？

（生畅谈收获）

师：看来今天同学们的收获都不少，老师希望你们可以把今天学到的知识运用到生活和学习中去，学会合理安排事情，从而达到节约时间的目的。

神奇的数独

孙佳云

一、课程开发背景与依据

（一）背景分析

"数独"（sudoku）一词来自日文，概念源自拉丁方块。按照我国的习惯，我们一般把它称之为"九宫格填数游戏"。所谓九宫格，就是把一个正方形划分为 3 个一行、3 个一列的 9 个方格，每个方格内填一个数字，分别为 1—9。由 9 个九宫格按从左到右、从上到下排列，拼成一个大正方形图。将 1—9 这九个数字按一定次序填入每行（从左到右）、每列（从上到下）、每个九宫格的小方格内，每个数字在每行、每列、每个九宫格内只能出现一次。

数独不仅能锻炼逻辑推理能力，也能对学生的心智锻炼起到很好的效果。特别是如何正确面对失败，失败后如何重新开始的挫折训练，这正是我国基础教育中忽略的内容。它能给学生成功的机会，并训练他们缜密思维，因为在游戏中只要犯了一个错误就得从头开始。

（二）本科目开设的教育价值

（1）逻辑推理能力，使之从小便懂得一步一个脚印地做事才不会或少跌跟头。

（2）全方位思考问题能力，这对杜绝片面看问题和偏激情绪很有帮助。

（3）耐心攻关能力，以便长大后可以应付各种人生和事业上的艰难险阻。

总之，数独游戏是少年儿童的逻辑性、领导力、攻坚心的最理想的训练手段。

（三）本科目开设的好处与作用

数独的好处与用处简直是数不胜数，以下是学习数独的好处与用处：

①活化大脑：即使只是初或中级数独，就已对训练脑力有很大的帮助。

②培养耐力：若是随便猜猜，是绝对无法完成的；在探究过程中让孩子更加具有耐心，且能更加喜爱钻研。

③舒缓压力：一旦游戏开始，孩子的脑中只会全心地想一件事，就是如何把数字1—9恰当地放入格内，也因此已没有多余的精力，去想其他的事物。

④集中注意力：玩数独要是不够专心的话，会花上更久的时间才可能解出答案，而一旦孩子学会如何更加集中注意力，那么他在处理其他方面的事情上也会变得更加专注。

⑤完成数独的过程可以是多人参与的过程，几个同学在一起，或者和老师家人集体参与更好。

⑥数独不仅能锻炼逻辑推理能力，也能对青少年的心智锻炼起到很好的效果。特别是如何正确面对失败、失败后如何重新来过的挫折训练。

数学课程标准指出：不同的人在数学上得到不同的发展；要培养学生合作、自主、探究的精神；学生的学习要充满挑战性和富有个性。如果把"数独"这一益智类游戏引进小学数学课堂，必定可以适合不同的年级、不同的学生；通过数独课让学生们对单调的数学产生兴趣，锻炼学生脑力并通过数独重点培养学生的数感、观察力、逻辑推理力和激发想象力。

二、课程目标

1.通过数独游戏，让学生经历稍复杂的推理过程，获得更多简单推理的经验，培养学生有序、全面思考问题的意识。

2.通过观察、猜想、验证、解决问题等活动，培养学生的推理能力，并且能用简单的语言有条理地表达推理过程。

3.使学生体会数学思想在生活中的用途，并获得成功的体验，激发学生学习数学的兴趣。

三、课程内容

层次	活动主题	活动内容	活动目标	课时安排
初级	初识数独（简单四宫格和六宫格）	1.介绍数独的规则与玩法； 2.运用一定的计算技能完成最初级的数独游戏。	认识数独并且熟悉数独规则。	1
中级	数独解法（九宫格）	1.总结数独的规律； 2.如何用简便算法快速算出数独；	能利用数独规律快速做出数独。	2

层次	活动主题	活动内容	活动目标	课时安排
高级	数独小比赛	1. 班内组织数独竞赛； 2. 鼓励学生以数独为基础创造更具趣味性的游戏。	通过比赛增加数独学习的趣味性，让学生爱上数独。	2

四、课程实施设想

（一）活动组织形式及实施原则

授课形式：教师讲授与学生自主探究相结合，教师引导与学生自主练习相结合，自主学习与合作学习相结合，解决问题。

系统训练——按由易到难的顺序，统一教授，学生统一练习，掌握数独方法。

小组竞赛——遵循公平公正的原则，进行数独比赛。时间多少，正确与否为标准。

（二）活动设计要求

让学生体验成功的喜悦

迎接新鲜的挑战

留下回味的余地

（三）课程实施建议

1. 实践性：本课程开发本着提高学生逻辑思维能力与活跃大脑的目的，应该让学生多动手实践，这样才能达到本课程的目的。

2. 选题应循序渐进：数独本来就是一个充满挑战性的游戏，对于不同年龄段与智力水平不一致的学生来说，难易程度不同成为关键，选题时应根据学生最近数学课的水平来选择符合学生最近发展区的题目，急功近利不但达不到课程目标，还会打击学生学习的积极性。

3. 挖掘主题性，注重兴趣化：数独活动内容要新颖，知识点突出，能吸引学生，促进学生的思维。

4. 重视灵活性，力求主体化：数学活动形式要多样化，依据不同的活动内容设计不同的活动形式。

5. 加强针对性，突出个性化：对数学问题的解决，在方法上要有规律性、普遍性和针对性。同时鼓励和肯定学生自己独特的解题思路及方法，多让学生自己去思考、去归纳、去总结，突出学生的主体意识。

五、课程评价建议

数独是一个灵活性的游戏,因此在评价学生表现时,不应该只以结果来评定。首先本课程开发就旨在训练学生的逻辑思维能力和活跃、放松大脑;其次单从结果并不能真实地看出学生的提高,因此结果并不是能证明学生表现如何的唯一因素,反而老师可以从出勤率、上课态度以及平时表现来评定学生,如平时成绩占期末总成绩的70%,而期末成绩占期末总成绩的30%。

六、课例

（一）教学内容

数独(人教版二年级上册教材第110页例2及相关内容)

（二）教学目标

1.通过观察、分析等活动,让学生用推理解决一些简单游戏中的数学问题,从而经历稍复杂的推理过程。

2.让学生在推理的过程中不断尝试、调整,学会按一定的方法进行推理,进一步体验推理的作用。

3.在简单推理的过程中,培养学生观察、分析、推理和有条理地进行数学表达的能力,学会有序地、全面地思考问题。

（三）教学重点

感悟平面图形特点,培养学习兴趣,发展空间观念。

（四）教学难点

创造性地拼图。

（五）教具准备

课件。

（六）教学过程

1.激趣引新

师:孩子们,你们喜欢玩游戏吗? 老师也喜欢玩,今天老师将为你们介绍一款全世界的聪明人都在玩的数学游戏——"数独"游戏。为了带你们走进这神奇的世界,待会儿咱们一起进入游戏的王国,跟着老师从最简单的类似数独题入手,好吗?

板书课题:数独

2.由简到繁,寻找规律

建立数独的模型。

课件出示:右边的图。

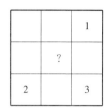

(1)第一关"猜一猜"

师:要见到真正的"数独",咱们还得过三关呢? 想不想试试?

A.把一个大正方形平均分成了九个小格子,把1、2、3分别填入九个小格子中,使每一行、每一列都有这三个数,又不重复出现。为了便于表述,我们为每一行,每一列都排一排序。(出示:行、列,进一步认识行、列。)

师:你准备从哪个格子开始猜?

师:什么数? 还有不同的想法吗?

师:为什么?

师:观察时,既要看行又要看列,判断时,用排除法,不是……就是……(板书:行,列,不是……就是……)

B.完成后回顾。

师:刚才我们从哪个格子开始猜的? 为什么从这个位置开始猜? 能不能从别的位置开始猜呢?

小结:是的,对于这道题来说,因为每一方位提供的信息量都是一样的,所以从任意的格子都可以开始猜。而当我们观察时,既看行又要看列,判断时不是……就是……

(2)第二关"想一想"

A.将一个大正方形分成16个小格子,将1、2、3、4这四个数字,要放入相应的格子中。要求是每一行,每一列的数字不能重复。

1		A	3
			2
	3	B	
		2	

概括来说,就是,每一行,每一列的数字不重复出现。

师:你准备从哪个格子开始? (第几行第几列)多指几名学生说一说。

B.出示课件:回过头来再看看,怎样观察才能很快的开始呢?

小结:不仅要观察行、列,还要观察区。而且找到提供信息最多的方位开始。

(3)第三关"填一填"

师:看来你们的本领掌握的很不错,老师对你们进入下一关很有信心,那你们自己呢?

好,进入第三关画一画。

师:将 1、2、3、4 这四个数字填入方格中,每一行,每一列,都不能重复。

要求:在填以前,请先思考 30 秒后再小组内合作完成在练习卡上。

在实物展台上展示。

汇报:先检查一组,再对照检查。

师:老师对你们的学习能力真是刮目相看,短时间内就掌握了玩"数独"的基本方法。现在,三关已经闯完了。你们愿意把你们刚才学到的知识展示一下吗?

好我们一起来填一填下面的这个方格。

3.巩固练习

(1)填字游戏

在右面的方格中,每行、每列都有"七""彩""云""南"这四个字,并且每个字在每行每列都只出现一次。应该怎样填?(找突破口)

(2)拓展提升

刚才我们填的是四行四列的数独游戏,首先要填的空格所在的行和列必须有 3 个不同的数。那么,如果是五行五列的数独,首先要填的空格所在的行和列里必须有几个不同的数? 九行九列呢?

4.总结全课

同学们,今天我们玩了什么游戏? 谁能谈谈我们的学习过程和收获?

板书设计:

数学广角——推理

数独

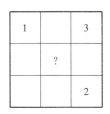

数独游戏

王家静

一、课程背景

人教版二年级下册的数学广角首次出现数独。数独这种游戏是起源于18世纪末的瑞士、后来在美国和日本得到蓬勃发展的数字谜题。数独盘面是一个九宫，每个九宫当中又有九个格子。在81个格子给出一些已知的数字和数字填入所需要的条件，通过逻辑和推理的方式，在其它的空格上填入1—9的数字。每一行，每一列，每一宫里1—9的数字都只出现一次。这种游戏十分考验人的观察能力和推理能力。虽然这个游戏遵循的规律十分简单，却用千变万化的排列方式和环环相扣的推理过程让许多人着迷。同时，学生在推理过程中也锻炼了他们的思维能力。

二、课程规划

（一）课程主题

通过系统训练，让学生掌握解决数独问题的基本技巧，激发学生的学习兴趣，启迪学生的创造思维，培养他们用科学的方法分析问题，解决问题。

（二）课程理念

只需动动手、动动脑就可以体验数独游戏带来的独特魅力。面对如此独特、益智的游戏，我希望可以让更多的人了解这个游戏，走进游戏中，它给我们带来的数字的色彩，以此拓宽学生的见识，培养学生收集、处理信息的能力。

（三）课程标准

1.通过讨论、交流，对提出的问题进行分析、筛选、归类、提升，转化为小组活动主题。

2.学生通过发现问题、提出问题，并把问题转化为活动主题的这个过程，提高自身发现问题、提出问题的能力及意识。

（四）课程内容

层次	活动主题	活动内容	活动目标	课时安排
入门	1.有趣的数独 2.数独的基本规则	1.初步了解数独的历史。 2.学习数独的术语，例如单元格、宫、行列等。	1.激发学生学习数独的兴趣。 2.让学生跨入解决数独的大门。	3
初级	4字数独	学习4字数独的基本解法。	掌握解决数独的基本解法，为学习后面的数独打下基础。	2
中级	6字数独	6字数独是4字数独的拓展与延伸。	灵活运用所学知识进行迁移，通过题目增强学生对数独方法的理解与应用。	3
高级	9字数独	重点学习区块排除法。	让学生在复杂的条件中选出合适的答案。	4

（五）课程实施

1.开设年级：二年级。

2.课时安排：一学期共12课时，每周一课时。

3.活动形式：班级教学，全班参与。

4.教学策略：通过系统训练让学生掌握解决数独问题的基本技巧，学会发现问题、提出问题。

（六）课程评价

1.采用个人积分制。课堂参与性高的，积极举手的，每回答一次加1分，每人最多3分。课后作业质量高的，加1分。推荐使用班级优化大师。

2.采用小组积分制：在小组活动中，表现突出的，整组每人酌情加分。推荐使用班级优化大师。

三、课例

（一）教学目标

1.通过观察、分析等活动，让学生用推理解决一些简单游戏中的数学问题，从而经历稍复杂的推理过程。

2.让学生在推理过程中不断尝试、调整，学会按一定的方法进行推理，进一步体验推理的作用。

3.在简单推理的过程中,培养学生观察、分析、推理和有条理地进行数学表达的能力,学会有序地、全面地思考问题。

(二)教学内容

本节课是在学生已有知识和经验的基础上,继续让学生通过操作、观察等活动探索数字的排列规律。

教学重点:运用排除、猜测等方法推算出所在方位的数字是几。

教学难点:培养学生有顺序地、全面思考问题及有条理地进行数学表达的能力。

(三)教学过程

情景导入、激发兴趣:

师:同学们,因为知道要来给大家上课,我特地为大家准备了一个宝盒。(摇一摇)想打开吗?

师:要打开宝盒需要四个数字的秘密,这些数字就藏在今天的游戏闯关中,同学们有信心获得密码吗?

激活经验,做好铺垫:

第一关,首接触。

规则:每行、每列必须有1—4这四个数,且每个数只出现一次。

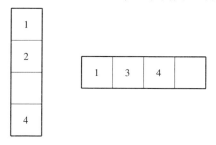

1.研读规则。

提问:你猜这是要我们做什么?(出示规则)引导学生阅读规则并分析规则的含义,强调"行""列"。

2.师:你能填这个空吗?

师:你怎么知道的?

师:这个空可以填4吗?为什么?(指着第二列)

3.师:这个可能填几?不能填几?

第二关,初印象。

规则:

在右面的方格中,每行每列都有○、□、△这三种图形,并且每种图形在每行每列都只出现一次。

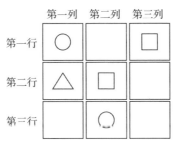

1.阅读规则并理解。

2.你能填哪个空? 你怎么知道的? 告诉你的同桌你的想法。

3.学生汇报,分别说能填哪个空,并说明自己的思维过程。

4.为什么这个空不好填呢?(指着右下角的空)

引导总结:先填行每一列只有一个要填的空。

第三关,攻难关。

要求:

使每一行、每一列都有苹果、香蕉、草莓三种水果,并且不重复出现。

1.你会填哪个空?

2.同桌讨论怎么填。

3.学生在台前讲解自己会填的空,并说明想法。

4.引导总结:这样的空怎么填:既要看这个空所在的行,又要看这个空所在的列。

第四关,试着做。

在右面的方格中,每行、每列都有 1—4 这四个数,并且每个数在每行、每列都只出现一次。B 应该是几?

1		A	3
			2
	3	B	
		2	

1.阅读规则,并说出自己的理解。

2.你打算从哪里入手? 我们应该如何思考?

3.学生的回答,教师指出:先看空格所在的行和列出现了三个不同的数,就能确定这个空格应填的数。

引导学生发现:哪一行或哪一列出现了哪三个不同的数?(A所在的行和列)

推理明确:A的竖列另两格分别是1和3,A可能是几?(2或4)再看A的横行另两格是B和2,A只能是几?(4)

4.将数字填入表格。

5.学生按照以上方法自主探索B是几,并将数字填入表格。全班交流说说怎样确定B是几的?

6.根据刚才推算的方法,你能填出其它方格中的数吗?

(1)先独立思考,再小组交流。

(2)全班汇报,体会推理方法。

7.师生小结,明确思路:先找已知三个不同数的,确定第四个数,依次推出结论。

巧算 24 点

陈海珠

一、课程开发背景与依据

(一)背景分析

捷克教育家夸美纽斯指出:"兴趣是一条创造欢乐和光明的教学环境的主要途径。"俄国文学泰斗托尔斯泰说:"成功的教学需要的不是强制,而是激发学生的兴趣。"由此可见,教学中激发学生的兴趣是何等重要。在现实的课堂教学活动中我们也可以发现,当学生对学习活动兴趣盎然时,就会产生强烈的求知欲望,学生就愿学、乐学、爱学数学。

"巧算 24 点"是一种扑克牌智力游戏,正如象棋、围棋一样是一种人们喜闻乐见的娱乐活动,它有自己独具的数学魅力和丰富的内涵。这种游戏方式简单易学,能健脑益智,是一项极为有益的活动,会激发学生的挑战欲望,极大地调动学生学习的兴趣。

(二)教育价值

通常的数学计算都是很枯燥的,有口算笔算等,学生做的厌烦,老师讲的也很枯燥,但是通过算 24 点游戏的形式就完全调动起了学生计算的兴趣,将加、减、乘、除四则混合运算的练习自觉融入游戏当中,培养了孩子的数学计算能力,同时也得到了成就感和满足感。

巧算 24 点通常还和一些比赛联系在一起,学生由于好胜心,也会不断提高自己四则运算的速度,以此来期待在比赛中取得好成绩。另外经常的进行巧算 24 点的练习,可以让学生越来越快速地得出 24 的算法,不知不觉之中,培养了学生的反应能力,很好地调动了眼、脑、手、口、耳多种感官的协调活动,让学生全身心得到发展。

(三)好处与作用

1.可以训练学生的快速反应能力。由于在游戏中,牌的点数不同,所以运用的方法也不同,学生的思维也进入高速运转状态,而且在短时间内,用最快的速度得出24,才能赢,所以能够训练学生的快速反应能力。

2. 可以训练学生的口算和心算能力。由于此游戏对学生的口算和心算能力要求高,而且对各种运算都有涉及,其实也就是四则混合计算,由于在运算时不能发出声音,且不准移动牌,对口算和心算都有很高的要求,同时,对乘法口诀也是一种训练,所以说能够训练学生的口算和心算的能力。

3. 可以提高学生的解题能力。由于算24点,涉及很多方法及不同角度去解决问题,所以在数学教学中有很大的好处:①可以让学生从不同的角度去解决问题。②可以让学生健脑。俗语说,头脑经常不用会生锈,而且时间长了,反应也会变慢。算24点这个小游戏由于需要快速调整思维,所以在游戏时脑部是需要大量的血液供应,并且循环加快,所以说对脑部也是一种保健。③可以训练学生在数学解题中的推理能力。由于一种方法不一定会得出24,所以必须学会尝试从各种角度去推理。

4. 可以看到别人的解题思路。由于人的思维是不同的,所以在解题中的方法也不一定相同。在别人说解题方法的时候,可以去听、记住,并予以借鉴,然后理解并用于实践中。

二、课程目标

1. 提升口算能力,应用加减乘除运算法将扑克牌面上的数字配成得数为24。

2. 运用一定的计算技巧算24点,并通过游戏体悟算法多样化。

3. 引导学生思考游戏背后的数学问题,展现"算24点"游戏和其它数学内容的联系,在学和玩中间寻找平衡点,充分体现"玩游戏、学数学、育素养"的教学主张。

三、课程内容

活动主题	活动内容	活动目标	课时安排
掌握算"24点"的基本方法与技能	1. 介绍扑克牌的历史。	让学生了解有关扑克的游戏,知道扑克牌蕴含的数学文化。	1课时
	2. 两张牌—三张牌—四张牌,逐步掌握四张牌算"24点"的基本方法。	在算"24点"的过程中进一步提高加减乘除的口算能力;通过小组合作,掌握四张牌算"24点"的基本方法。	

续表

活动主题	活动内容	活动目标	课时安排
巧算"24 点"	小组活动:准备 4 张不同的牌算"24 点"。	知道不同的牌可以算出 24 点,相同的牌也可有不同的计算方法。	3 课时
算法多样化	合作讨论。	通过合作探究总结出四张牌算"24 点"的技巧,体悟计算"24 点"的算法多样化。	5 课时
比赛算 24 点	小组赛 男女赛（优胜劣汰）	培养学生的快速反应能力。	3 课时

四、课程实施

算"24 点"是数学游戏与数学教学内容的整合素材。本课程建议教师讲授和学生自学相结合来实施教学活动。学生对算"24 点"比较感兴趣,教师可以简单引导,让学生在活动中经历从发现问题、提出问题到解决问题的全过程,在探索着、实践着从发现的失误、到顿悟、再到领悟的过程,从而发展了学生的数学能力,积累了学生的数学活动经验。

五、学生收获

1.有趣,感受数学的生机。让数学课生动起来,让我们的学生喜欢数学,爱学数学。在做中学,让学生经历过程,感悟数学的趣味性和生动性。

2.有用,感受数学的价值。从数学为解决问题入手,领略数学的应用广泛性,感受数学学习的价值,学生学有成就,获得数学的精彩。

六、课程评价

评价过程中不能单纯地以知识点的掌握来评价一个学生。评价学生的"情感与态度"是首要的。当然,实践活动、思维能力、分析问题及解决问题等方面的能力的评价也是十分必要的。

评价的方法很多,内容也很广,可以由学生自我评价,也可以学生互评。学生互评的过程,其实也就是一个学生合作学习的过程。还有教师的评价,教师应多方位多层次的给予评价。

七、课例:巧算 24 点

教学目标:

1. 在算"24 点"的过程中进一步提高加减乘除的口算能力。

2. 通过小组合作,掌握四张牌算"24 点"的基本方法。

3. 增强学习扑克数学的兴趣,体验小组合作的乐趣。

教学重难点:

掌握四张牌算"24 点"的计算方法。

教具准备:

课件,每生九张扑克牌,牌上的数字为 1—9(其中牌 A 作为数字 1)。

教学过程:

(一)介绍扑克,激发兴趣

1. 介绍扑克的学问。

2. 由扑克牌的玩法引出用扑克牌来玩"24 点"的游戏。(板书课题)

3. 介绍游戏的玩法。

(二)游戏闯关,掌握方法

1. 第一关:两牌对对碰

师先出示一张牌,学生拿出自己手中的一张牌,并通过运算法使两张牌得数为 24。

师:老师出一张牌 3,你能从自己手中拿出一张牌,用加减乘除和我手中的这张牌进行计算,算出 24 吗?

讨论交流。

小结:2 张牌算 24 点,可以直接用乘法算出。见到 3,想 8;见到 4,想 6;见到 6,想 4……

2. 第二关:三牌连连看

(1)三生一小组,分别拿出牌 6、3、7,看谁最快算出 24? 提示学生:见到 6,想 4。7 和 3 这两张牌怎样算,能够得到 24 呢?

(2)学生交流、汇报,老师板书。

(3)小结算法的多样性:3 张牌算 24 点,可以经过两步计算得到 24。除了见到 3 算 8、见到 4 算 6 外,还可以这样想:见到 9,想办法算出 15;见到 8,想办法算出 16……

3.第三关:四牌巧巧算

(1)试一试:每组牌中的四张牌,怎样算最后得数是24呢?

第一组:4　5　7　8

第二组:3　A　7　9

第三组:5　6　5　3

第四组:2　3　4　6

学生交流汇报。

(三)总结拓展,延伸文化

师:今天这节课,我们运用加、减、乘、除法算24点,同学们表现得真棒!知道了算24点的基本方法:见到3算出8,见到4算出6,见到9算出15,见到8算出16等。当没有3、4、6、8这些牌时,可以用其中的两张牌算出3、4、6、8。

一亿有多大？

王月辉

一、课程背景

"1亿有多大？"是(人教版)四年级上册学习"大数的认识"后"实践与综合应用"领域的内容。在数概念的教学中,数感的培养十分重要,要让学生通过对具体数量的感知和体验,帮助学生理解数的意义,以建立数感。但由于1亿这个数太大,学生很难结合具体的量获得直观感受。因此在"大数的认识"这一单元后,安排这个综合应用,旨在使学生通过探究活动,经历猜想、实验、推理和对照的过程,利用可想象的素材充分体验感受1亿这个数有多大。教学时,可引导学生在充分的思考、实践中建立数感,体验方法,丰富认识。

二、课程规划

(一)课程主题

体验一亿有多大？

(二)课程理念

数感是学好数学的关键,让学生通过探究活动,经历猜想、实验、推理把抽象的数形象化,充分体验数的大小,提升数感,同时培养同学间的合作交流能力,提高其动手实践能力。

(三)课程目标

1.先抛出"一亿有多大？"问题,引发学生思考,再通过故事引导学生讨论钻研对策,解决问题,初步感受一亿很大。

2.进一步猜测、实验、推理、验证自己对"一亿有多大"的认识,纠正猜测与实际的差距。

3.对资料的阅读进行再次巩固提升,并在谈感悟中渗透思想教育。

（四）课程内容

活动主题	活动内容	活动目标	课时安排
一千有多大	1.调查学校班级数,各年级人数。2.统计全校总人数,观察全校一千多人做操,体验几十、几百、一千的多少。	感受几十、几百和一千多,培养数感。	2
一万有多大	1.跑100米计时,算一圈400米时间。2.想1000米跑几圈,要多少时间。3.算10000米跑几圈,跑多少时间。	测小算大找数感,感受一万有多大。	2
一亿有多大	1.用量小算大的方法推测1亿粒米的重量,一亿张纸的厚度,一亿个小朋友手拉手的长,来感受一亿有多大。2.在对相关资料的阅读和感悟中渗透思想教育。	动手实践、推算、感受一亿有多大。培养数感,并渗透节约教育、环保教育、国情教育等。	2

（五）课程实施

1.开设年级:四年级。

2.课时安排:在学习"大数的认识后"安排一课时。

3.活动形式:分组合作。

4.教学策略:教师引导下学生分组自主讨论研究,实践操作,推理论证,汇报总结。

（六）课程评价

小组内小组长负责分工及评价组员,老师评选优秀合作小组。

三、课例:一亿有多大

（一）活动目标

1.通过具体事物感受一亿的大小,发展数感,感受数学与生活的密切联系。

2.通过探究活动,经历猜想、实验、推理和对照的过程,发展学生解决问题的能力。初步渗透选用小基数类推解决问题的数学思想。

3.培养学生的参与意识和合作意识,有机渗透节约教育、环保教育、国情教育等。

（二）活动重点

实践感知一亿有多大?

（三）活动难点

培养学生的数感,实践推理能力。

（四）活动准备

1.多媒体课件;2.一小袋米,天平秤;3.为部分学生准备 100 张纸,为部分学生准备 1000 张纸;4.计算器(每生一个);5.尺子

（五）活动过程

1.问题导入,引发思考

同学们,你们知道我们中国大约有多少人吗?

那么你知道一亿有多大吗?（揭示课题:一亿有多大?）

在黑板上写出 100000000 和 1 亿。后引导学生从数的组成理解 1 亿的大小:由 1 个亿组成的、由 10 个千万组成的、由 100 个百万组成的、由 1000 个十万组成的、由 10000 个万组成……由 100000000 个一组成的。

谁能说说,“100000000”这个数给你的感受是什么?（特别的大）

2.实践操作

（1）称一称

那么 100000000 到底有多大呢? 大家想不想切实感受一下啊? 下面老师给大家讲一个故事:古时候有一个叫刘恩的大臣,他非常关心老百姓的疾苦,有一次黄河又泛滥了,波涛汹涌的黄河水不知冲倒了多少房屋,成千上万的老百姓无家可归。当刘恩得知这一灾情后,他非常的着急,立刻用了最快的速度写了一份奏折给皇帝。皇帝看了刘恩的奏折后就下令让他到灾区去救灾。刘恩到了灾区后,立刻展开救灾工作,他和老百姓吃住在一起,同甘共苦,最后终于让老百姓重建了家园,又过上了幸福的生活。灾区的人民非常感激刘恩,家家户户都挂上了刘恩的画像,可是皇帝知道这件事后,非常的嫉妒。他就不愿意奖赏刘恩,但是又害怕老百姓会说他的闲话,于是他就想了一个自认为很好的办法,一天他把刘恩找来,先是夸奖他救灾的功劳,然后对刘恩说:“民以食为天,你在灾区救了那么多的老百姓,朕就奖赏你每月俸禄多加 100000000 粒大米吧。”皇帝刚说完,其他的大臣都笑了,心想,皇帝这哪是在奖赏刘恩啊,100000000 粒大米才有多少一点点。可是刘恩却是很高兴的谢了皇帝。你能知道刘恩为什么很高兴的谢了皇帝吗?

你能猜想出 1 亿颗大米到底有多重吗?（让学生猜想）

我们有没有什么好的办法能巧妙的称出 1 亿大米到底有多重?（小组讨论）

各小组反馈。

师引导出设计方案:把 1 亿粒大米称一下。

①先称出 100 粒大米的重量,再除以 100,再算出 1 粒大米的重量,最后乘 1亿,算出 1 亿粒大米的重量。(或用倍比关系算)

②先称出 10 克大米,再除以大米的粒数,最后乘 1 亿,算出 1 亿粒大米的重量。

③教师提出要求:以四人小组为单位选择一种方案计算出 1 亿粒大米的质量,请写出计算过程以方便后面的汇报,可以用计算器来帮助计算。小组内分工合作完成。

④学生分组计算。

⑤各组汇报结果,教师板书,感受 1 亿粒米的多少。

通过刚才活动我们知道了 1 亿粒米大约有 2500000 克重,也就是 2500 千克,5000 斤。而我国有 13 亿人口,如果每人每天节省 1 粒米,那么全国一天下来大约能节省多少克大米啊?如果每人每天吃 400 克大米,这些节省下来的大米可供一个人吃多少天?大约合多少年呢?(学生计算)

知道这些信息后,你有什么感想?(教育学生要爱惜粮食)

(2)知道一亿粒米重 2500 千克,可见一亿是个很大的数,猜猜看 1 亿张纸摞起来有多厚?(学生试猜,并记录)

讨论方案:

①那怎样才能知道 1 亿张纸摞起来有多厚呢?先独立思考,然后和同学交流一下。

②组织学生汇报。

③梳理方案。

测小算大:

师:大部分同学都想到了,先测一部分纸的厚度,再推算出所有纸的厚度,这是一种非常好的方法。我们共同为这种方法起个名字吧!(板书:测小算大)

师:大家比较有争议的地方是先测多少张纸合适?(可能大部分学生会选择 100 张或 1000 张)测得少了,误差大,太多了,数起来麻烦。

测量推算:

①测量:老师为左边各组同学准备了 100 张纸,为右边各组同学准备了 1000张纸,不过有的是作业本纸,有的是打印纸,有的是信纸。现在请各组快速测量一下各是多少厘米?

②汇报测量结果:100 张纸的厚度大约是 1 厘米,1000 张纸有的是 8 厘米,有

的是 9 厘米……

③推算:现在请各组按你们的测量结果,推算一下 1 亿张纸有多厚?(需要的话可用计算器)

④汇报推算结果:

学情预设:可能会产生下列推算方法:

量得:100 张——1 厘米

推算:1000 张——10 厘米

1 万张——100 厘米 = 1 米

10 万张——10 米

100 万张——100 米

1000 万张——1000 米

1 亿张——10000 米 = 10 千米

质疑:对于推算的结果你有什么想说的或想问的吗?

3. 对照体验

师:刚才推算出 1 亿张纸大约有多高?(8000 米、9000 米、10000 米),你能想象出有多高吗?(根据前面的铺垫,可能会想到和熟悉的事物相对照。)

课件演示参考资料:

(1)教学楼每层大约 4 米,1 亿张纸摞起来相当于(   )层教学楼高。相当于(   )栋五层教学楼那么高。(按推算的 10000 米计算)

(2)珠穆朗玛峰海拔高度约 8848 米。

(3)你的猜想与计算结果接近吗?有什么相对自己说的?

谈话:刚才我们通过数一数从时间上感受了一亿的大小,大家还想不想通过其他的方式,再来感受一下一亿的大小?

实际测量长度。

请 10 位同学手拉手站成一排,师生共同测量出长度。(取整米数)

独立列表进行推算。

提问:照这样计算,一亿小朋友手拉手站成一排有多长?

出示表格,根据表格形式,各小组也依据刚才的测量数据列表格填一填,并反馈推算结果。

量:10 位(   )米

推算:100 位(   )米

1000 位(   )米

1 万位( )米

10 万位( )米

100 万位( )米

1000 万位( )米

一亿位( )米

从绕地球的圈数来进一步感知一亿有多大。

指名读出推算出的长度。

谈话:对于这个长度,大家都会感觉到很长,但究竟有多长可能还感受不深。地球赤道全长 40000000 米,一亿个小朋友手拉手站成一排,可以绕地球赤道多少圈? 用计算器算一算。(如果学生的计算器只能显示 8 个数位,就要把米换成千米来算。)

指名说说计算结果。

提问:看了这个数据,你又感受到什么了?

4. 在数据中提升认识、升华情感

(1)读一读下面的信息,并说一说有什么感受。(课件播放信息:)

你知道吗? 1 亿有多大?

①制一亿双筷子需砍伐生长了二十年的大树 25000 棵。我国每年制造约 450 亿双一次性筷子,大约吃掉 2500 万棵树。

②1 亿滴水,可汇成 3333 升水,可装四辆大型运水车。一个水龙头如果 1 秒钟滴一滴水,一年就滴掉上千万吨水,全国每年浪费水资源 100 亿吨以上。

③1 亿粒大米约 2500 千克,我国 13 亿人口,每人每天节约 1 粒米,全国 1 天节省,32500 千克大米。如果每人每天吃 400 克,节省下来的米可供一个人吃 223 年。

(2)谈感悟:听了这几条信息,你又想说点什么?

(3)说一说:在小组里说一说,一亿有多大。

5. 全课总结

(1)通过今天的学习你知道了些什么? 你有什么感受?

(2)通过今天的学习你还想研究哪些有关 1 亿的问题呢? 有兴趣的同学课后继续研究。

综合篇

享英语"悦读",探科学之美

王丹丹

一、课程背景

我国的课程目标随着时代发展一直在变化,从最早的"双基"到"三维目标",再到如今的"核心素养",表面上是课程目标的改革,实际上则体现了我们的英语教学从教书而教到育人而教的变化,这种变化使得我们的教育更加适合社会发展和人的发展的需要。

"核心素养"是指学生应具备的,适应终身发展和社会发展需要的必备品格和关键能力,并突出强调个人修养、社会关爱和家国情怀,更加注重自主发展、合作参与、创新实践。英语学科的核心素养包括语言能力、思维品质、文化品格和学习能力四个方面;而语言能力融合于其他三个过程,在教学中逐层渗透,并最终实现三维目标整合。众所周知,"兴趣"是语言学习的最好老师,兴趣可引导学生思考、练习、运用语言,从而熟练地掌握语言。在小学英语 PEP 教材中,有很多阅读课程内容与自然科学息息相关(如 PEP6 Unit4 Two new kittens, PP 7 Unit6 The story of rain, PEP8 Unit 1 Little duck's shadow 等)。在这些课程的学习中,如若老师智慧引导,将激起孩子强烈的好奇心,迸发思维的火花,培养科学探究精神。而在探索运用的过程中又有效地促进了英语语言运用能力,从而提高综合语言素养。但是教材中所涉及的科学知识比较局限,老师可以有针对性地加以拓展,开发有效有趣的英语、科学相结合的校本课程。

二、课程规划

(一)课程主题

阅读相关科学英语小故事,学生思考探索,并通过解决科学问题、撰写科学报告、汇报科学成果等活动,提升英语语言运用能力和科学探索能力。

（二）课程理念

通过科学小故事阅读教学,有利于激发学生学习英语的兴趣,提高其综合语言运用能力,同时激发其科学思维,培养其独立解决问题的能力和小组合作精神等,从而逐渐提高学生的核心素养。

（三）课程目标

1.通过读故事,激发学生英语学习兴趣。

2.通过解决科学问题,培养学生思维能力和合作精神。

3.通过多种形式的活动,如撰写调查报告、汇报科学成果等,逐步提高学生综合语言运用能力。

4.通过课程学习,逐渐培养学生科学,持续的探索精神。

（四）课程内容

活动内容活动目标课时安排:

活动主题	活动内容	活动目标	课时安排
1. See How They Grow	由课文 Two new kittens 引入并学习其他 4 种生物:人类、植物、胎生动物、卵生动物的成长历程,最后通过养蚕实践活动,让学生完成观察日记并做报告。	通过科学故事阅读,学习各类生物的成长历程,并能用英语描述,以培养其阅读、口语表达能力;通过观察"蚕"的成长过程,让学生撰写观察日记,以培养其英语书写能力等。	6
2. The Water Cycling	通过 ppt 演示,学习水循环过程;通过观察、讨论,说一说水在生活中的作用,以及如何节约用水。	了解水循环过程,并认识水的重要性。	2
3. Shadow	通过观察实物演示探索光影变化过程及原因。	了解一天中光影变化及原因,并能用英语描述。	2
4. The story of four seasons	阅读、观察、描述。	学习一年四季的变化及原因,并能用英语表述。	2
5. Seed Transmission	阅读、观察、描述、讨论。	学习不同种子的传播方式,并能用英语表达。	2
6. The story of wind	阅读、观察、描述、讨论。	学习风的形成、以及不同的形式。	2
7. 成果展示	自主观察、探究生活中的科学现象,并撰写科学报告。	通过网络、书籍、小组合作等方式,自主探索身边的科学现象,并撰写科学报告。	4

（五）课程实施

1.开设年级:六年级。

2.课时安排:按照课程难易程度划分为 7 个专题,一学年共 20 课时,每学期 10 个课时。

3.活动形式:自由报名、小班教学。

4.教学策略:阅读、观察、讨论、撰写报告、汇报等。

（六）课程评价

1.采用学分制。建立"积分卡",分值达到 60 分为合格,90 分以上的为"优秀学员"。

2.积分办法:

（1）积极参与学习活动,根据上课表现情况打分,最高分 50。

（2）小组合作情况,最高分 30 分。

（3）汇报成果,最高 20 分。

三、具体课例:The Water Cycle

教学目标:

1.使学生了解一些关于水循环的知识。

2.训练学生听、说、读、写的能力。

3.使学生了解水的重要性,从身边的小事做起,珍惜水资源。

教学重难点:

1.学会运用课文中的单词及重要短语。

2.能够根据提示复述文本内容。

教学方法:

（一）Before reading

1. Free talk

2.观看水循环动画视频,引入主题。

（二）While – reading

1. Talk about different forms of water that you know.

2. Talk about the water cycling knowledge that you know.

3. Look at the pictures of the water cycling from the text, and try to arrange them.

4. Check the answer and read the text, trying to find the key words and sentences

of the water cycling.

5. Read the text again and try to find the following answers, you and discusswith your partner:

(1) Which place does rainwater flow into?

(2) What need water to grow?

(3) Where does the sun take water?

(4) Is rain good? Why?

6. Check the answers.

7. Try to read the text.

(1) Read along.

(2) Read after the recording.

(3) Read by yourselves.

8. Show time.

9. Students try to retell the process of water cycling with the help of the layout.

(三) After – reading

1. Practice: Fill out the blanks.

(1) Rainwater flows into the _____, _____ and _____.

(2) Green plants need water to _____.

(3) Crops give us _____. Fruit trees give us _____.

(4) The sun takes water from the _____, _____, _____, _____, _____ and _____.

(5) _____ makes clouds. Clouds make _____.

(6) Talk Together

2. Talk about the importance of water in group.

3. Discuss different and useful ways of protecting and saving water.

4. Home Work

(1) Read the text three times.

(2) Draw a picture of the water cycling with illustrative words.

板书设计

The Water Cycle

Cloud

Rain   1. Which place does rainwater flow into?

Water   2. What need water to grow?

Rivers   3. Where does the sun take water?

Lake   4. Is rain good? Why?

Soil

Crops

Planets

Trees

缤 Fun 英语

方旭丹

一、课程背景

语言学习要通过创设良好的语言环境和提供大量的语言实践机会,使学生通过自己的体验、感知、实践、参与和交流形成语感,使学生在教师的指导下,运用探究性学习模式实现任务目标,感受成功。如果英语学习能够借助于真实的丰富多彩的活动,那么学生就能接触到更贴近学习实际、贴近生活、贴近时代的信息资源;学生的参与意识也会随之不断增强,交流方式也将由课内活动的单、双向交流,转为多向交流的方式。五年级学生已经对英语有了一定的知识基础,对教师安排的任务能理解到位并付诸实践,对课程的开设起到了决定性作用。

二、学科目标

1. 通过有效的活动,培养学生对英语及英语学习的兴趣。

2. 授人以渔,培养学生英语学习能力。

3. 在活动中,培养学生良好的合作、创新等良好行为习惯,形成健康的个性心理。

4. 提高学生的词汇量、语感、常用话题等整体素质,为今后的英语学习打好基础。

三、学科内容

内容框架

第1-2周:学生用英文进行自我介绍,并且将学生进行分组。学生可以按照以下方式进行自我介绍:

What's your name？ / Where are you from？ / What would you like to do ？ /

What's your favorite teacher,fruit…/…

第3－5周:学生学习英语流行歌曲,在歌曲中享受英语,例如:《I do》《because of you》《god is a girl》等。这些歌曲歌词简单重复,学生容易跟唱,通过英语歌曲的跟唱,提高学生对课程学习兴趣,为以后的学习打下基础。

第6－9周:进行小故事朗读训练,模仿表演。例如:《three little pigs》《Fox and cock》《The red little hat》等。通过对简单的英语小故事模仿和表演,让学生懂得英语故事中的含义,敢于表演,乐于表演,在表演中学习。

第10－12周:根据话题,进行讨论,编对话及表演。例如以下话题:《a wonderful birthday party》《my friends》《shopping》等。通过话题,让学生自己进行个性化的书写,为今后的英语作文书写打下基础。

第13－16周:欣赏外文电影和小短片,模仿其中的语音语调。例如:《音乐之声》《泰坦尼克号》《玩具总动员》等。通过观看外文电影和小短片,让学生学到纯正的英语口语,知道书本中的英语与现实中的口语的区别。

第17－20周:给电影桥段配音。通过配音,能更好将语音语感放到真实交际对话中,提高学生的口语。

四、课程实施

开设要求:

1. 开设年级:五年级。

2. 课时安排:5个专题,共20课时,每周一课时。

3. 活动形式:自由报名、小班教学。

4. 教学策略:说一说,听一听,唱一唱,写一写,看一看,演一演。

五、课程评价

1. 教师评价、学生评价、生生互评、家长寄语。

2. "摘星评价"和"学分评价"两种评价机制相结合。

六、具体课例:Animals and Vegetables

(一)教学目标

1. 认知目标:(1)能听、说、认、读农场中有关动物及蔬菜的单词:hen, duck, chick, sheep. lamb, goat, cow, sheep, rabbit, pig, tomato, cucumber, potato, on-

ion，carrot.

（2）能灵活运用 Do you like …？ Yes，I do. No，I don't.

（3）能听懂会说句子：What's your favorite animal？ What's your favorite vegetable？ 并在语境中进行交际。

2．情感目标：通过活动教育学生爱护动植物。

3．学习策略：（1）培养学生学习的自信心，激发学生积极思维。（2）通过小组活动，培养学生的合作能力。（3）在任务中引导学生积极运用所学的英语进行表达与交流。

（二）教学重点

What's your favorite animal？ What's your favorite vegetable？ 并在语境中进行交际运用。

（三）教学难点

让学生明白单词 favorite 的含义；用所学的语言进行表达交际。

（四）课前准备

各种农场动物与蔬菜的头饰，单词卡，调查表，应聘信息纸，磁带，课件制作

（五）教学步骤

I. Warming up：

1．Greeting and sing a song.（课前师生都戴上头饰）

T：Hello，everyone. I'm Old Macdonald.

S：Hello，Old Macdonald.

T：Do you like me？

S：Yes.

T：Ok. Let's sing with Old Macdonald.

齐唱歌曲：Old Macdonald.（学生边唱边跟着教师做动作）

2．Change the words of the song：

T：Now let's change the words of the song.

（1）教师指着戴某种动物头饰的学生示范：

Old MacDonald had a farm E I E I O. And on that farm he had some cows E I E I O. With a mo mo here and a mo mo there，here a mo，there a mo，everywhere a mo mo. Old Macdonald had a farm E I E I O.

（2）教师指着戴某种蔬菜头饰的学生示范

Old Macdonald had a farm E I E I O. And on that farm he had some cucumbers E I E I O. With green green here and green green there, here green, there green, everywhere green green. Old MacDonald had a farm E I E I O. T:Look for the same animals or the same vegetables, then sing together.

让学生寻找戴有相同头饰的伙伴,进行讨论并创作新歌曲,最后请几组进行表演。

II. Presentation：

1. T:Do you like …? （教师出示一张单词卡问）

S:Yes, I do. / No, I don't.

如果学生说喜欢,教师请戴有被喜欢的动物或蔬菜头饰的学生到回答的学生身边组成一组。教师问几次后请学生问,其他学生回答。（这样基本每一组内都有各自喜欢的动物及蔬菜。）

2. T:I like hen. （在黑板上画一颗心）I like horse better. （在黑板上画两颗心）I like sheep best. （在黑板上画三颗心）Sheep is my favorite animal.

T:What's your favorite animal? （让学生在自己的组内选最喜欢的动物。）

S:I like ….

问几次之后请学生问:What's your favorite animal?

T:Hi, …. （与动物打招呼）What's your favorite vegetable?

S:I like ….

请学生问:What's your favorite vegetable?

其他学生答:I like ….

III. Activity：

1. Jigsaw Puzzle　教师在黑板上摆几块拼图,让学生用最快的速度拼出句子:What's your favorite animal? What's your favorite vegetable?

（1）T:Look at the Jigsaw Puzzle, please. Who can form the sentence：What's your favorite animal? （请几位学生分别来拼,记录时间评出胜者。）

（2）T:Let's try again. Can you form the sentence:What's your favorite vegetable? （再请几位学生拼,记录时间选出胜者。）

（3）齐读以上两句:What's your favorite animal? What's your favorite vegetable?

2. Guessing game

（1）　T:What's your favorite animal / vegetable? Don't say ,but you can do. （示意学生不说答案,用动作来表演,其他学生猜。）

（2）教师出示单词 animal，学生齐问：What's your favorite animal？ 请一位学生来表演答案，其他学生猜。（2—3 次）教师出示单词 vegetable，学生齐问：What's your favorite vegetable？ 请一位学生表演答案，其他学生猜。（2—3 次）

3. Survey

（让学生完成课前发的调查表）

（1）T：What's your favorite animal？ S：I like ….

教师写下学生的姓名，并根据学生的回答在动物或蔬菜的单词下打钩。

（2）让学生示范调查

T：Now，who can try？

S1：What's your favorite animal/vegetable？

S2：I like ….

第一位学生根据第二位学生的回答填写调查表。

（3）学生在班中进行调查

T：Finish the survey table in the class using the sentences：What's your

favorite animal？ What's your favorite vegetable？ I like …. 学生在班中自由采访同学或老师，按示范要求填写表格。

（4）教师用实物投影展示部分学生完成的调查表。

T：Look，this is …'s survey table.

请几位学生复查：What's your favorite animal / vegetable？（问表格中被填写的学生）

（5）教师将完成得好的表，贴在黑板上的三颗心下。

4. My farm

（1）教师和一位学生戴草帽扮演农夫，并请一些学生扮演动物和蔬菜（戴头饰）加入农场。

T：Hello. The weather is good today. I like it. Look，this is my farm.

Ss：I'm sheep. / I'm horse. / I'm potato. / I'm onion. / …（扮演动物及蔬菜的学生介绍）

T：What's your favorite animal？

S1：I like ….

T：What's your favorite vegetable？

S1：I like ….

T：They're lovely. I love my animals and vegetables.

(2)让学生自由找伙伴组成农场,一组中两个学生扮演农夫,其他学生扮演所戴头饰所示的动物及蔬菜。

T:Now make up your farm freely. （学生找伙伴讨论对话时,让学生听音乐: Old MacDonald。）

(3)让几组学生表演展示各自的农场。

T:Let's know your farm, please. Come here with your farm.

5. 招聘农场管理员

(1)T:I have a big farm. So I want some workers. If you want to join our farm, finish the paper, please.

教师用幻灯片出示:Name　　　　　Age　　　　　Hobby(爱好)

Male（男）　　Female（女）　　Favorite Animal　　Favorite Vegetable

(2)教师在实物投影仪上示范如何填写。

T:How to write? Look at me. Name　　　Alexandre　　　Age 25

Hobby(爱好)Read books

Male（男）　　　　Female（女）√　　　Favorite Animal　sheep

Favorite Vegetable　　cucumber

(2)学生完成填写后,教师让学生交的同时要求学生进行简短的自我介绍。

T:Introduce yourself, please. For example:My name is Cao Jin. I'm 28. I like to read books. I like farm, too. I love animals. Sheep is my favorite animal. Cucumber is my favorite vegetable. I'll be a good worker of a farm. （用幻灯片出示介绍的形式。）

(4)将被录用的学生的信息纸贴在黑板上,并每人发一草帽以示奖励。

让教育戏剧浸润英语学习

叶江涛

一、课程背景

戏剧是一种文学体裁形式,是一门涵盖语言、音乐、表演、美术、灯光、布景等方面的舞台表演艺术。国外教育界很早就开始关注戏剧在小学英语教育中所发挥的作用,并有着广泛的共识和多年的实践研究。教育戏剧是在教学中融合戏剧元素,用戏剧的方式或有剧场性质的活动来进行的教育模式。教育戏剧可以培养学生创造角色的能力,提供轻松、快乐和不断自我检验、自我激励的环境,达到净化心灵、塑造比较完美人格的目的。另外教育戏剧也改变了传统的以教师为主导、从教到学单向的授课模式,建立以教师为引导、学生参与为主体的互动关系,提高学生学习英语的积极性,促进小学生核心素养的发展。

在国家倡导以发展学生核心素养为目标进行新课程改革的今天,开展教育戏剧无疑是一种值得尝试和推广的教学方式。笔者也希望通过教育戏剧的应用,让教育真正摆脱枯燥无味的说教,让学生在轻松愉快的戏剧氛围中掌握知识,在客观知识中加入个人的主观认知与感情投入,从而建立对所学知识的意象和联系,创造出个人对知识的独特理解,进而深入地认识自己和社会。

二、课程规划

(一)课程主题

学生在英语戏剧表演中提高自己的口语表达能力,同时也透过剧本了解英语国家的文化。

(二)课程理念

21世纪的中国固然需要知识人才,更需要有创新意识、多向度的、有核心素养的人才。涵盖不同门类的、讲求创新的教育戏剧,在培养全人方面可以起到积极有效的作用。教育戏剧能够实现对学生的人文关怀,塑造健全的人格和培养创新思维,最终培养出具有全球视角和核心素养的公民。

（三）课程目标

1. 激发了学生学习英语的兴趣,满足了学生表演的欲望

2. 培养学生跨文化交际能力,提高学生综合文化素养

3. 培养团队合作意识和自信心

4. 有助于实现全人教育,培养核心素养

（四）课程内容

层次	活动主题	活动内容	活动目标	课时安排
初级	1. 认识教育戏剧。	初步认知英语戏剧的特点和内容。	观看教育戏剧视频,尝试着模仿。	1
中级	2. 认识课本剧。	具体认知什么是课本剧。	试着去理解英语课本里故事情节,尝试编写课本剧。	1
	3. 演绎课本剧。	真正感受到英语课本剧的魅力。	以小组形式演绎课本剧,扩展书本故事情节。	3
高级	4. 演绎经典英语戏剧。	制订剧本、角色分配、角色扮演、准备演出道具等。	通过教育戏剧,学生的语用能力可以得到快速的发展,语言与思维建立起了密切的联系,学生能体会到中西文化的内涵,感受剧中人物的喜怒哀乐,其世界观、人生观和价值观都能得到提升。	4

（五）课程实施

1. 开设年级:五年级。

2. 课时安排:按照课程难易程度划分为 4 个专题,一学年共 28 课时,每周一课时。

3. 活动形式:自由报名、小班教学。

4. 教学策略:看一看,写一写,动一动、玩一玩,演一演。

六、课程评价

在当前小组教育戏剧表演结束后,老师都会首先让其他各组的同学就该组戏剧的主题、情节、语言、学生的演技、道具和舞台设计等进行打分,每一个评判内容都有相应的评价机制,各占 20 分。接着让全班学生选出一名最佳演员,并对最佳演员进行嘉奖,从而调动所有学生参加课堂表演的热情。其次,组织学生对刚刚

表演的戏剧进行分组讨论对剧本的主题、人物的性格特征、演员的表演技能等进行分析,并让每组同学选派代表发言,这样可以促进学生积极主动地去观看和思考。最后,笔者针对学生的表演进行公正的评判,并对表演中需要改进的地方进行点评,让学生的表演更加完美。

课例:英语戏剧《Three little Pigs》教学设计

第一课时

教学目标

知识与技能目标:

1.能阅读、理解故事并根据故事内容回答问题。

2.能用简单的语言复述故事。

3.能独立完成练习、合作设计对话并表演。

情感目标:

1.培养学生对英语的兴趣,保持积极的学习态度。

2.能与同伴合作完成任务。

3.能从故事中得到启发。

教学重难点:

用英语复述故事并表演。

教学准备:

多媒体课件、表演道具。

教学过程

Step 1:Warm – up

1. Greetings.

T:Good morning, boys and girls. Ss:Good morning,Mr Ye.

2. Sing a song.

T:Firstly, let's sing a song "If you are happy"Ss:Ok.(师生同唱歌曲作为热身,活跃课堂气氛)

T:Are you happy? Ss:Yes.

T:But someone is unhappy. Who's he? Ss:Hui Tailang(A wolf).

T:Who makes him unhappy? Guess. Ss:…

T:Look, this is the first little pig. This is the… Ss:The second little pig, the third little pig.

（用开心一词引出不开心的灰太狼，让学生猜测原因，为三只小猪的出现作铺垫。）

Step 2：Presentation and drill

1. Watch the video.

T：Yes，let's watch the video.（观看动画，了解故事大致的情节，激发学生阅读的兴趣。）

Boys and girls，are you familiar with this story？ Ss：Yes.

T：Let's listen to the story.

2. Listen to the audio. Speak out the phrases on the screen.

（A 任务：不看课本听录音，听到四个主人公的名字时大声复述，让学生认真用耳朵听，注意三只小猪和狼出现的顺序和故事的发展。）

T：Excellent. Let's enjoy a chant.

3. Learn the chant.

（B 任务：欣赏韵律诗"Build a house"，猜测意思，让学生关注故事中三只小猪的三座房子时用不同材质建成，导致不同的结果。也为教师教授三种材质"稻草""木棍""砖头"作铺垫。）

T：Can you chant？ Ss：Yes.

T：Have a try.（Ss try to chant with the video）

T：Good try. Let's chant and act.（Chant and act with the video together. ）

4. Learn some important new words and sentences.

T：Good job. Guess the meaning. Ss：用……建房子

T：Can you read？ Ss：Street，draw，straw.（Use the same way to teach new words "stick" and "brick"）

（单词教授部分利用两个旧单词中的音素或字母组合发音组合成新的一个单词，让学生主动试读后教师再教授，体现学生主体和教师主导的地位。）

T：Let's try to read together. Ss：Build a house out of straw. Build a house out of sticks. Build a house out of bricks.（学生掌握单词后马上套用到句子进行朗读，一是巩固新词学习新句，二是为进一步阅读理解降低难度。）

T：Wonderful. It's time for you to read.

英语情景剧《Three little Pigs》教学设计
第二课时

教学目标

知识与技能目标：

1.能阅读、理解故事并根据故事内容回答问题。

2.能用简单的语言复述故事。

3.能独立完成练习、合作设计对话并表演。

情感目标：

1.培养学生对英语的兴趣，保持积极的学习态度。

2.能与同伴合作完成任务。

3.能从故事中得到启发。

教学重难点：

用英语复述故事并表演。

教学准备：

多媒体课件、表演道具。

教学过程

Step 1：Practice

1. Read the story and find out the new words.

2. Do Exercise.

（C任务：虽然故事妇孺皆知，但英文篇幅较长生词偏多，先读懂一部分英文后就能较容易理解其他段落的意思。自读时，组长领取角色卡，组员分组自读本组角色出现的段落及故事结局；学生在练习的帮助下独立思考。）

3. Check the answer with group members.

T：Well done. Maybe you are eager for the answers.

（D任务：组员互助讨论答案，能激发学生主动学习的动力，加上教师下组指导，能有针对性地解决每个小组阅读中的问题，并关注学困生的实际困难。发挥组长的组织作用，合作完成对话设计，为学生的语言运用能力提供开放性的舞台；演员在舞台表演，其他同学充当旁白就能将故事描述性语言进行朗读，实际应用可以加深阅读文本的理解，寓教于乐。）

T：Your performances are so amazing. Let's read the whole story.

4. Read the whole story.

5. Retell the story.

（E 任务：分段落阅读后再阅读整个故事就相对容易得多，再利用图片尝试复述故事，学生就会带着刚才参与表演、欣赏表演的兴致自信地进行阅读和复述。）

Step 4：A new song

T：The story is so funny. I have a funny song for you. "Who's afraid of the Big Bad Wolf?".

（学生跟学歌曲。）

T：Perfect. Look at the screen. Different wolves have the similar endings. Boys and girls, thethird little pig wasn't afraid of the big bad wolf. The wolf is a big difficulty, do you afraid of the difficulties in life or study? Ss：No.

T：Good. The third little pig works hard. As a student we have to study hard. Follow me, study hard, study hard. Ss：Study hard, study hard.

T：Homework can help you to study well.

（通过"不怕大坏狼"这首歌引发学生思考，能否从第三只小猪身上学到勤劳努力的品质，不害怕学习生活中的"狼"，也就是"困难"，从而鼓励学生从小努力学习，积极上进。）

（Homework on PPT）

Step 2：Homework

1. Read the story and retell it to your families.

2. Learn to write a short passage about the third little pig.

融品德之力，增英语素养

高漂琼

一、课程背景

《小学品德与社会课程标准》中明确规定每个教师都是德育工作者，小学英语教师也不例外。在英语课堂教学中，教师在教授知识的同时结合品德，小学英语课堂教学与品德紧密结合也是根据教学目标和小学英语课堂教学的现状提出的。"全面贯彻和执行国家教育方针政策，以提高国民素质为宗旨，以德育为核心重点培养学生的创新精神和实践能力，将科学精神与人文精神统一体现，培养有理想、有文化、有道德、有纪律的德智体美劳全面发展的新一代接班人"的课程改革的重要指导思想，为当前小学英语教师品德与课堂紧密结合指出了方向。

当今时代需要的是高素质人才，只有将文明礼仪等德育内容内化为学生自己的行为习惯和道德品质，学生在对外交际中才能运用自如。目前我们使用的 PEP 英语教材内容丰富，既有文明礼仪内容，也有认识国旗、长城等爱国主义内容，涉及了团结友爱、尊敬师长、互帮互助等大量的德育因素。

二、课程规划

（一）课程主题

学习英语知识，渗透德育内容。

（二）课程理念

通过英语课程学习，有利于提高学生的语言能力、综合人文素养，有利于培养学生的优良品质，形成正确的人生观和价值观。

（三）课程目标

1.通过课程学习，激发学生英语学习兴趣。

2.通过课程学习，加强学生思想道德教育。

3.通过多种形式的活动,提高学生认知水平。

(四)课程内容

活动内容活动目标课时安排

活动主题	活动内容	活动目标	课时安排
1. Hello!	通过单词认读、朗读、会话了解交际用语 what's your name, good morning 等。	学会与人交际,学会主动问候、关心他人。	4
2. Welcome!	通过搜索图片、观察讨论认识不同的国家如 CanadA. the USA. the UK 等。	了解西方国家的主要标志、代表建筑、文化习俗,开拓国际视野。	4
3. This and That	通过训练手、脑、口、耳、眼、肢体并用的方式,学习一些对物品进行提问、描述的句型。	培养学生的好奇心,学会主动提问,养成认真观察事物的习惯。	4
4. Let's eat	通过图片展示学习关于食物的单词,了解关于自身喜好的句型表达。	让学生树立正确健康的饮食观,摒弃不健康的习惯。	4
6. 成果展示	小组合作,选择话题,进行讨论交流。	在情境中合作、交流。	4

(五)课程实施

1.开设年级:三年级。

2.课时安排:按照课程难易程度划分为5个专题,一学期共20课时。

3.活动形式:自由报名、小班教学。

4.教学策略:阅读、对话、讨论、汇报等。

(六)课程评价

1.采用学分制,分值达到70分者为合格。

2.积分办法:(1)积极参与学习活动,根据上课表现情况打分,最高分50。(2)小组合作情况,最高分30分。(3)汇报成果,最高20分。

三、具体课例:Nice to meet you

(一)教学目标

1.进一步学习打招呼和问候语,使学生能听懂、会说 Good morning! /Good afternoon! This is…Nice to meet you. /Nice to meet you, too. Let's go to school.

2.初步培养学生模仿发音和语调的习惯,要求模仿正确、语调自然。

3.通过创设实际情景,增强学生的沟通交际能力。

教学重难点

1. 进一步学习打招呼和问候语 Good afternoon! Nice to meet you, too.

2. Good afternoon! 和 Nice to meet you. 的连读,以及 afternoon 的发音。

(二)教学方法

1. 热身、复习 (Warm – up/Revision)

(1)师生共同练习 Teddy Bear 的歌曲,边唱边表演。

教师播放本单元 C 部分的歌曲 Head, Shoulders, Knees and Toes,师生共同演唱。

(2)让学生展示上节课所画的作品——头部图案。彼此交流,介绍自己的五官 This is my eyes. This is my nose.。

(3)教师随意拿出一张学生作品,同时拨动钟表,让全班同学根据时间和图上的人物打招呼。

2. 呈现新课 (Presentation)

(1)教师出示钟表,使学生了解到时间——下午,并问学生,这个时间段能否用 Good morning. 打招呼或问候,引出 Good afternoon! 的学习。

(2)师生共同观看本课 B 部分 Let's talk 内容的教学课件。

(3)让学生听录音,教师展示各句话的中文图案,学生跟读 B 部分 Let's talk 的内容。教师再次强调 Good morning. 和 Good afternoon! 两个句子的区别。

(4)教师出示 Mike, Wu Yifan, Wu Yifan's mother 的头饰,在给 Wu Yifan's mother 准备手提包。师生共同扮演以上人物,师生间进行简单的交流。

Wu Yifan:Hi, Mom.

Wu Yifan's mother:Hi.

Wu Yifan:Mom, this is Mike.

Wu Yifan's mother:Good afternoon, Mike.

Mike:Good afternoon.

Wu Yifan's mother:Nice to meet you.

Mike :Nice to meet you, too. (在说 Nice to meet you. Nice to meet you, too. 两句话时,教师鼓励表演者握手表示见到你我很高兴。)

3. 趣味操练 (Practice)

(1)教师给学生分小组,三人一组分角色表演 Let's talk 的内容。

(2)认一认,读一读,排一排 教师将 B 部分 Let's talk 的句子内容打乱顺序,写在卡片上,贴于黑板。

步骤:①学生读卡片上的句子 ②学生听录音,指句子 ③不听录音,学生排列句子 ④听录音,订正句子顺序 ⑤全体学生读排列正确的句子。

(3)教师鼓励学生自己读 Let's play 部分的句子。

(4)教师将准备好的 Cheng Jie ,Mike, Wu Yifan, Wu Yifan's mother ,Sarah, Zoom 的头饰和布袋木偶发给学生。让学生表演 Let's play 部分的对话。

(5)小组练习 Let's play 部分的对话。学生可用自己的自画像或用拟人化的小熊的头饰进行。

4.扩展性活动(Add – activities)

Read and draw 出示两张图,每张图上都是 Mike, Wu Yifan, Wu Yifan's mother 三人的对话,学生根据所读对话内容画出相应的时间或太阳的位置。对话内容为:

(1)Wu Yifan:Hi, Mom.

Wu Yifan's mother:Hi .

Wu Yifan:Mom, this is Mike.

Wu Yifan's mother:Good afternoon, Mike.

Mike:Good afternoon.

Wu Yifan's mother:Nice to meet you.

Mike :Nice to meet you, too.

(2)Wu Yifan:Hi, Mom.

Wu Yifan's mother:Hi .

Wu Yifan:Mom, this is Mike.

Wu Yifan's mother:Good morning, Mike.

Mike:Good morning.

Wu Yifan's mother:Nice to meet you.

Mike :Nice to meet you, too.

交通出行我知道

华露露

一、课程背景

品德即道德品质(moral trait),是指个体依据一定的社会道德准则和规范行动时,对社会、对他人、对周围 事物所表现出来的稳定的 心理特征或倾向。

道德是发展先进文化,构成人类文明,特别是精神文明的重要内容。我们通常讲的道德是指人们行为应遵循的原则和标准。道德的定义可以概括为:对身边的人充满善意,对社会有所贡献。

道德是以善恶为标准,调节人们之间和个人与社会之间关系的行为规范。道德总是扬善抑恶的。道德与法律不同,它是依据社会舆论、传统文化和生活习惯来判断一个人的品质,主要依靠人们自觉的内心观念来维持。

在日常生活中,人们的出行都与交通息息相关。每个地方的交通规则和常见出行方式不同。学生学习交通规则是必需而且必要的。只有清楚地知道交通规则,才可以保证出行安全。遵守交通规则是最常见的道德品质。交通是随着人类生活和生产的需要而发展起来的。除此之外,学习世界各地学生的上学方式可以增长学生的见识,扩大知识面,体验文化差异。

二、课程规划

(一)课程主题

学生能围绕交通这个主题,发现、提出自己感兴趣的、想要研究的问题。

(二)课程理念

学习世界各地的学生上学的交通方式,以此增长学生的见识,拓宽学生的知识面,培养他们收集、处理信息的能力,同时又增强他们的动手能力和生活能力,加强学生交际能力和团结协作精神,增强生活幸福感。

（三）课程目标

1.通过讨论、交流,对提出的问题进行分析、筛选、归类、提升,转化为小组活动主题。

2.学生通过发现问题、提出问题,并把问题转化为活动主题的这个过程,提高自身发现问题、提出问题的能力及意识。

（四）课程内容

层次	活动主题	活动内容	活动目标	课时安排
初级	1.交通规则我知道。	说说熟知的交通规则、查查更多交通规则。	收集资料、收集照片。	1
中级	2.世界各地的交通规则。	了解部分国家和地区的交通规则。	收集世界各地交通规则资料,了解规则及其重要性。	2
	3.日常生活中常见的交通方式。	谈谈日常生活中常见的交通方式。	观察、拍照,收集尽可能多的常见交通方式。	2
高级	4.世界各地学生上学的交通方式。	利用各种渠道,搜集信息,然后讨论、交流,对提出的问题进行分析、筛选、归类、提升。	增长学生的见识,拓宽学生的知识面,培养他们收集、处理信息的能力,同时又增强他们的幸福感。	4

（五）课程实施

1.开设年级:六年级。

2.课时安排:按照课程难易程度划分为4个专题,一学年共28课时,每周一课时。

3.活动形式:自由报名、小班教学。

课例:交通出行我知道

（一）活动目标

1.通过讨论、交流,对提出的问题进行分析、筛选、归类、提升,转化为小组活动主题。

2.学生通过发现问题、提出问题,并把问题转化为活动主题的这个过程,提高自身发现问题、提出问题的能力及意识。

（二）活动准备

学生自己搜集的照片、课件、方案制作表、问题采集卡

（三）活动过程

Step one：Warming up

1. Greet with the kids.

2. Talk about our ways to go to school.

—How do you go to school?

3. Talk about Robin and present the main context.

Lead in the topic：Different ways to go to school.

Step two：Presentation

1. Read the text fast and answer the question：

—How many ways to go to school are there can you find in the text?

Underline them.

Present the four ways on the board.

2. Read the text again and answer the question：

—How many places are there can you find in the text?

Underline them.

Present the four places on the board.

3. Guide the kids to match the places and the ways on the board.

—In…, how do the children go to school?

Step three：Practice

Learn the text passage by passage.

1. （1）Simple introduction of Munich on PPT.

（2）Talk about the picture, the place and the ways.

（3）Listen to the tape and read after it.

（4）Put stress on the sentence structure：

Some children go to school …. in ….

（5）Guide kids to give suggestions on each way

2. （1）Simple introduction of Alaska on PPT.

（2）Talk about the picture, the place and the ways.

（3）Listen to the tape and read after it.

（4）Put stress on the sentence structure：

Understand the sentences.

（5）Guide kids to give suggestions on each way

3. (1)Simple introduction of Papa Westray on PPT.

(2)Talk about the picture, the place and the ways.

(3)Listen to the tape and read after it.

(4)Put stress on the sentence structure:

Understand the meaning.

(5)Guide kids to give suggestions on each way

4. (1)Simple introduction of Jiangxi on PPT.

(2)Talk about the picture, the place and the ways.

(3)Listen to the tape and read after it.

(4)Put stress on the sentence structure:

Change the sentence:In…, some children…

(5)Guide kids to give suggestions on each way

Step four:Summary

1. Read the text fluently.

2. Guide the kids to retell the text according to the pictures.

3. Write a passage. Different ways to go to school around us.

Summary of the class.

Step five:Homework

(1)Listen and imitate reading the text.

(2)Finish the exercise on the workbook.

缤纷节日

杨丽娜

一、课程背景

"语言与文化唇齿相依。"文化是语言最重要的属性之一，语言是文化最主要的载体之一，两者之间交叉渗透。人们在使用语言进行思想的交流、信息的交换、情感的表达时，离不开他所处的社会环境，也就在交际过程中一定会折射和反映所处环境的社会文化。《英语课标》强调：帮助学生了解世界和中西方文化的差异，开阔视野，培养爱国主义精神，形成健康的人生观，为他们的终生学习和发展打下良好的基础。这有利于增强学生热爱家乡、珍视祖国的历史与文化的自豪感，尊重不同国家和民族的文化差异，初步形成开放的国际视野不谋而合。

圣诞节是西方传统节日，起源于基督教，在每年 12 月 25 日。人们把它当作耶稣的诞辰来庆祝，故名"耶诞节"。西方人以红、绿、白三色为圣诞色，圣诞节来临时，家家户户都要用圣诞色来装饰。红色的圣诞花和圣诞蜡烛。绿色的圣诞树。它是圣诞节的主要装饰品，用砍伐来的杉、柏一类呈塔形的常青树装饰而成。上面悬挂着五颜六色的彩灯、礼物和纸花，还点燃着圣诞蜡烛。红色与白色相映成趣的是圣诞老人，他是圣诞节活动中最受欢迎的人物。西方儿童在圣诞夜临睡之前，要在壁炉前或枕头旁放上一只袜子，等候圣诞老人在他们入睡后把礼物放在袜子内。在西方，扮演圣诞老人也是一种习俗。

二、课程规划

(一)课程主题

学生能围绕"缤纷节日"这个主题，了解西方的礼节和习俗，并与中国传统节日进行比较。

(二)课程理念

了解和掌握文化背景知识，帮助学生扩大视野，增长见识，丰富生活；促进民族理解,增强他们的跨文化意识,培养他们热爱祖国的思想感情。

(三)课程目标

1.课前预习培养学生动手搜集信息的能力。

2.了解关于节日的风俗,并讲述给别人听,培养学生的听说及语言交际能力。

3.帮助学生了解更多关于国外节日的信息,增强他们的跨文化意识,培养他们的爱国情感。

(四)课程内容

活动内容活动目标课时安排

活动主题	活动内容	活动目标	课时安排
1.我的节日观	初步了解8种西方主要节日的由来,风俗。	利用网络收集相关资料并进行信息交换。	4
2.节日探究课	学习感受8种西方节日。	了解节日的由来,风俗。	8
3.我的成果展	将自己所学的展示出来。	1.手抄报展。 2.圣诞派对。 3.找复活蛋、滚复活蛋、吃复活蛋。	3

(五)课程实施

1.开设年级:六年级。

2.课时安排:按照课程难易程度划分为3个专题,一学年共19课时,每周一课时。

3.活动形式:自由报名、小班教学。

4.教学策略:找一找,讲一讲,学一学,比一比等

(六)课程评价

1.采用学分制。建立"缤纷节日""积分卡"分值达到60分为合格,100分以上的为"优秀学员"。

2.积分办法:(1)利用网络收集相关资料并进行信息交换,并最后进行个人汇报,根据汇报情况投票给分,最高分20分。(2)积极参与学习活动,根据上课表现情况打分,最高分50。(3)每次成果展有作品参展或者参与表演者加30分。

三、具体课例：merry Christmas

（一）活动目标

1. 初步掌握本课生词及词语：Christmas, festival, western, Father Christmas, stocking.

2. 要求学生能听懂关于圣诞节的故事，准确说出"What is Christmas?"，能够"邀请别人，互赠礼物，唱圣诞歌"等，培养学生的听说及语言交际能力。

3. 学习中西节日的文化差异，并在课文中学会用礼貌、得体的语言与人交谈。增强他们的跨文化意识，培养他们热爱祖国的思想感情。

（二）活动准备

课件、录音机、头饰、礼品或实物

（三）活动过程

Step 1 Warming up

1. Greetings.

2. Sing a song《We wish you a merry Christmas》

3. Free talk：

T："What's the date today?"

S："It's December 24."

T："Oh, tomorrow is Christmas . And New Year's Day is only one week later. What do you know about Christmas?"

S：Yes, I...

Step 2 Presentation and Practice

1. 呈现和学习新单词 festival

（出示圣诞老人课件）T：Who is he?

Ss：He is 圣诞老人.

（Ask one student to act out the Father Christmas and send presents to other students. ）

2. 出示圣诞节图片，呈现和学习新单词 Christmas。

过渡：Do you want to know anything about Christmas? （Ss：Yes）Let's go to western countries by plane, OK? （出示飞机图片）

3. 出示伦敦和英国国旗图片,呈现和学习新单词 Britain。

呈现和操练句子:This is the best time to be in Britain.

4. 呈现句型:Is Christmas the most important festival in Britain? 及回答:Yes.

T:Its the most popular festival in western countries.

Do you want to know anything more about Christmas?（Yes）

1. Task1:Listen and find

Q1:When is Christmas?

Q2:What do people say on Christmas?

Q3:How do people celebrate Christmas?

5. Task2:Watch and find

Q1:Where do people put up Christmas trees?

Q2:How do they decorate a Christmas tree?

6. Task3:Decorate the Christmas tree

T:Very good, boys and girls. What's this?

Ss:Christmas tree.

T:Can you decorate it?（师出示星星、灯、小球及袜子的图片）

Ss:Sure.

学生上台展示,并把图片贴到相应位置。

S1:I will put the star here.

S2:I will put the lights on the tree.

S3:I will put the balls on the tree.

S4:I will put the stocking at the end of my bed.

7. Task 4:Sing Christmas song

T:Wow ,wonderful . Now, let's sing the Christmas song together,OK?

Ss:OK.

Step3 Consolidation

1. Watch and write.

2. Listen and repeat

3. 小结:After this class, now we know:Christmas is the most important and popular festival in western countries. In Christmas, Father Christmas brings presents to all the children. And we have lots of parties and no school.

Step5 Homework

1. Retell the story to the other people.

2. Sing the Christmas song to your friends.

3. Make a Christmas card for a friend and write some words on it.

无土种植

林晓峰

一、课程开发背景与依据

随着经济的快速发展,城市化建设步伐的加快,涂地种植面积越来越少。校园里的孩子们对土地越来越陌生,对我们常见的食用植物的认识也越来越少。因此,作为学生的领路人,我们有必要为学生开辟一个属于学生自己的种植课。

(一)相关技术的研究现状

无土栽培是一种用营养液培育植物的现代化农业生产技术,具有能提高土地和水肥利用率、减少病虫害、节省人力以及减少环境污染等优点。我国正式进行无土栽培研究是在 20 世纪 70 年代中期,当时山东农业大学的邢禹贤等开始研究西瓜、黄瓜、番茄等的无土栽培技术,70 年代后期新疆农业科学院吴明珠等开始研究甜瓜的无土栽培技术,但无土栽培一直没有形成规模化。我国对无土栽培这一高新农业技术进行系统地研究和在生产中大面积推广应用,开始于 80 年代后期。从 1985 年~1995 年(国家"七五"~"八五"期间),无土栽培一直被列为农业部的重点科研课题、国家重点攻关项目,2001 年后无土栽培被列为国家攻关和"863"计划的研究内容。与此同时,国家对无土栽培的科研投入力度不断加大,科研经费由"七五"期间的仅 5 万元逐年增加至目前的 300 万元以上。由于科研投入的大幅增加,近 20 年来,无土栽培取得了一系列科技成果,使得无土栽培技术在我国取得了快速发展。目前,全国无土栽培面积达 1070 km^2,同 10 年前相比,增长了 20 多倍,并获得了良好的经济效益、社会效益和生态效益,起到了良好的示范作用。随着科技的不断发展和进步,人们的深入研究,如今无土栽培技术已相当成熟。

(二)本科目开设的意义

尽管"无土栽培技术"已相当成熟,但是,翻看各类文献时我们不难发现,与

"无土种植"课程相关的内容几乎没有,尤其是在小学。

然而,参与无土栽培对于学生而言是一件极其有意义的活动。参与无土栽培实践是一种典型的项目式学习方式,学生的一切活动都有明确的任务指向,学生必须亲自完成各个种植环节。在栽培过程中,学生可能会产生疑惑和发现问题,甚至进行错误操作,这就为学习创造了机会。这种基于动手实践和研究探索的活动才能真正唤醒孩子与生俱来的创造力。如何实现无土栽培是一个需要综合多学科知识才能解决的问题,植物的生长规律和影响因素涉及生物学知识,营养液配制涉及化学知识,保证营养液持续供应涉及工程学知识,培育期间的监测和管理涉及等技术手段的运用。在整个实践过程中,学生需要想办法通过多种学习途径获得所需的相关知识,并且在知识交互运用中,相互的碰撞中,实现深层次的学习、理解性学习和综合性学习。另外,种植植物本身就是一件令人愉悦的事情,尤其是部分蔬菜和花卉的优美的外形和色彩能带来美的享受,植物的成长能激起人们内心对生命和自然的热爱,收获的喜悦让人们更能体会劳动带来的成就感和乐趣。

本课程将"无土栽培"技术引入教学,运用 STEAM 教育理念和教育方法,结合教材中对植物的生长、繁殖过程观察的需要,引导学生进行系列性的、实实在在地工程实践,从而以独特的形式有效落实课标中"生命科学"领域和"工程与技术"领域的要求。

二、课程目标

1. 通过利用"无土栽培"种植植物,学生会使用简单的无土育苗、种植,能对种植中出现的问题中进行简单的合理预测,通过在实验室里的周期观察,实践,提高科学素养。

2. 知道植物能适应环境、可制造和获取养分米维持自身的生存。明白植物和动物都能繁殖后代,使它们得以世代相传。

3. 知道人们为了使生产和生活更加便利、快捷、舒适,创造了丰富多彩的人工世界。了解工程的关键是设计,工程是运用科学和技术进行设计、解决实际问题和制造产品的活动。

4. 能在种植过程中发现问题、解决问题,并以小课题小论文的形式进行有效的科学探究。

5. 通过对植物的种植研究,认识生植物命的周期,意识到生命的养成是一个需要付出的过程,在劳动中体会责任,在付出中收获成就感,从而尊重生命。

三、课程内容

1.认识无土栽培技术

2.种植一种植物

3.观察、记录植物的生长过程

4.植物生长过程的规律

5.探索植物的向性运动

6.与土壤种植的植株比较

7.专题性科学探究

四、课程实施设想

（一）教学建议

在理论教学中,运用多媒体教学手段,如 PPT、教学视频等使学生充分掌握"无土栽培技术"。

通过引导学生对植物生长过程的观察和记录,了解植物生长变化的过程。引导学生在观察中发现问题,并通过小组合作解决问题。

利用对照实验,探究植物生长所需要的条件和植物的向性生长。

（二）课程实施过程

1.带领学生学习并熟悉"无土栽培"技术,并利用所学知识,选择一种植物种子进行种植。

2.观察根的生长情况。相比于常规土壤栽培,我们只能观察植物地上生长状况,无土栽培则可以清晰直观地观察到根的生长状况,包括根与茎谁先生长,根在不同条件下的生长方向等等。

3.开展对照实验。

选择常见的植物分别以土壤、营养液、水为培养基。进行对比实验,每天观察、记录植物生长状况,找出某种植物生长的无土栽培营养液配方。不但要会配制不同浓度的营养液还要学会配制适合某种植物生长的营养液。为实现能够替代土壤甚至在植物生长状况上超越常规普通的土壤种植。明显发挥无土栽培的技术优势。

选择成分比例不同的培养基、清水和生长情况基本相同的同种植株等进行对照实验,通过观察植物生长状况,探究植物生长发育需要那些条件,甚至是哪些元素等。

4.深入研究"无土栽培技术",丰富"无土栽培"的植物种类。当前,利用花卉美化居室,彰显主人的个性追求与品位,已成为人们的共识。因此,在种植过程中,我们还将引入不同品种的花卉,通过花卉的无土栽培进一步美化实验室。

此外,现如今我国主要的无土栽培系统有有机生态型无土栽培系统、浮板毛管法栽培系统、营养液膜栽培系统、深液流栽培系统、鲁SC栽培系统等,因此,我们还将就这些系统进行筛选和实践,选择合适进行进一步拓展。在实践中发现无土栽培在实验室种植时存在的问题,以及无土栽培引入校园时将会遇到的阻力。通过发现问题,解决问题进一步完善"无土栽培技术"进校园的理念,从而更好地让"无土栽培"实验室得到进一步推广。

五、课程评价建议

（一）评价的原理

评价是提高教学理念和教学质量的基石,教学评价应多种方法并举,力求能客观正确地反映教与学的关系、学与探究的关系。评价中本着实事求是的原则,对评价结果进行认真分析和评估,能改进的改进,能采用其他方法的改用其他方法进行改良。评价主体和要素进行动态设置,力求反映自然科学的本质。对观察中有一定意义的知识面应强化评价细则和分值。

（二）评价标准

重视过程评价——特别关注学生参与的态度、解决问题的能力和积极性,关注学习的过程和方法,关注交流与合作,关注实验探究以及所发现的经验与规律,因此要采用形成性评价的方式。

以学生自我评价为主——让学生自我评价,其压力较小,学生可以充分地畅谈自己参与活动的体验、经验和教训,自由地交换意见。同时,这种集体和个人的自我评价也可以使学生享受到健康的民主风气的熏陶和教育。

评价的开放性——在学生自我评价的基础上,应尽可能采用集体讨论和交流的形式,将个人和小组的经验及成果展示出来,并鼓励相互之间充分发表意见和评论。

（三）评价的操作说明

学生自评——自评内容包括:

（1）你是否一直对参与的活动感兴趣。

(2)你收集信息、资料的途径有哪些?

(3)你在实验过程中遇到的最大问题是什么?

(4)本次实验探究中你最感兴趣的是什么?

(5)你对活动成果是否满意。

(6)本次活动中,你还发现了什么?

(7)活动中,你最大的收获是什么?

方式:每一个活动结束后,学生填写"综合实践活动记录与评价表"或用描述性语言的方法对以上内容进行一次自评,完成后全体成员均上交一份给指导教师。

同学互评——由活动小组的组长为组员作活动表现的评价,而组长则由其组员评价,这样可以促使学生在活动中相互督促完成工作,又可以树立起组长的威信,同时形成团体意识。

互评内容包括:

(1)小组成员合作是否愉快。

(2)你们在活动中遇到哪些困难或问题?

(3)你们是怎样合作克服困难的?

(4)你们认为下次活动还应从哪些方面加以改进?

方式:每一个活动结束后,小组成员集体讨论,由组长执笔,用描述性评价方法为主对以上内容进行评价,完成后每组交一份给指导教师(低年级学生在活动结束后由负责老师安排评、互评及家长评的形式进行活动评价)。

教师评价——根据自己平时指导的情况,客观地对学生进行综合评价。

评价的重点:一是评定以下几方面的等次。

1. 活动态度方面

A. 态度是否积极,是否主动组织或参与活动。B. 与小组同学合作是否良好。C. 活动是否认真、善始善终。D. 是否勇于克服困难。

2. 知识技能方面

A. 查阅资料技能。B. 实地观察记录能力。C. 调查研究能力。D. 整理材料能力。E、运用工具能力。F. 交往与表达能力。G. 分析总结能力。

3. 完成活动任务综合情况方面。

二是撰写突出学生个性特色的评语。注意评语要具有正面性、鼓励性、指导性。

课例:教学内容:种子长成了小幼苗

教学目标:

科学概念

1.植物的生长需要水分、光照和养分;

2.在不同的环境下相同的植物会做出不同的反应以适应环境。

过程与方法

1.学会分享观察中的发现,能够对不同的植株进行对比并发现问题。

2.根据观察到的现象提出问题,通过查阅资料的方法收集信息、寻找问题答案。

情感、态度、价值观

1.体会到科学研究是艰辛的过程;

2.激发学生像科学家那样从事研究科学的愿望。

教学重点:

观察水培植物与土壤中生长的植物,发现植物生长所需的条件。

教学难点:

通过观察到的现象分析归纳出植物生长的规律与特点。

教具准备:

在土壤中生长的植物、水培植物若干、放大镜。

教学过程:

(一)植物长出了幼苗

1.师:我们播种的植物都已经变成了幼苗,这段时间,我们记录了它的生长变化,现在以小组为单位,让我们交流一下前一段时间凤仙花幼苗生长变化情况。

2.交流:学生以自己的观察记录为依据小组内交流植物的生长变化。

3.组织学生全班交流。(鼓励学生说出新发现、新问题)全面检查学生的观察记录,及时进行反馈,让他们以自己的观察记录为依据,不能凭印象、凭感觉说话;同时引领学生在以后的时间里坚持进行观察。

(二)比较不同环境生长下的同种植株

(教师出示在土壤中种植的植物)师:这是那天老师在土壤中种植的植物,对照自己手上的植物,观察他们之间有何相同之处和不同之处。

请材料员上来领取材料,小组内仔细观察并及时记录。

汇报

组1：他们长势相似，都长了根、茎、叶。

组2：我们小组的植物生长情况明显不及其他小组。

组3：水培生长的植物根系明显更加发达，而且根的颜色也有明显的区别。

（三）分析、归纳你观察到的现象

师：刚刚很多小组都有了自己的发现，那你能根据你们的发现，提出自己对植物生长的想法吗？

组1：植物生长需要根来吸收营养，所以不管吧植物发在哪里，植株都会长出根来。

组2：茎要输送水分和养料，同时要支撑起植物。

组3：叶要进行光合作用，为植物提供营养。

师（适当总结）：刚刚大家都说得非常棒，根、茎、叶对植物的生长有着非常重要的意义，我们把他们称为植物的三大营养器官因此，只要植物要生长就必须要有他们。

师：除此之外，老师还发现有一个小组的植物长势明显不如其他小组，你能帮他们分析下原因吗？

组4：我们发现他们小组的植物是放在窗边的，而且我们小组的植物白天都是搬到阳台上去的。

追：也就是说什么是导致他们植株偏小的主要因素？

组4：光照。

师：所以光照是植物生长非常重要的一个因素。

师：还有哪个小组原意说说自己的看法？

组5：我们发现在进行无土栽培时，植物的根系是白色的，而且特别发达。我们猜测，可能是这些根系有着其他功能，比如在水中进行呼吸作用。

师：你们的发现非常有价值，而且你们有了自己的猜测，根据实验探究的基本步骤，下一步我们应该这么做？

组5：搜寻证据。

师：非常好，请你们接着观察，课后小组商量一个计划，我们一起来探究一下到底是什么导致了植物根系的变化。

组6：虽然我们确定，到底为什么跟会出现这种变化，但是我可以肯定这是植物适应环境变化的一种变现。

（四）总结

今天我们观察并讨论了植物的幼苗,那么大家觉得接下来的植物应该会怎样生长呢? 他真的能否如期开花结果吗? 让我们拭目以待,有什么新的发现,有什么新的疑问,我们下节课继续。

基于校园植物的多领域课程开发

王嫦娥

为保障课程的实施,学校应加强课程资源建设,充分挖掘并有效利用校内现有课程资源。校园植物作为课程资源的重要组成部分,其开发和利用一度受到广泛的关注,笔者尝试从科学、文学、技术、艺术等不同学习领域,对其进行课程开发。

一、科技课程:"校园自动浇花系统小创客"

(一)设计思路及课程目标

设计思路:在介绍校园植物的生长习性相关知识和电路设计软件设计的基础上,设计并制作自动浇花系统。

课程目标:了解植物生长习性的相关知识,掌握电子电路软件的一般原理,培养学生设计及制作的能力。

(二)课程的内容及学时安排

"校园自动浇花系统小创客"课程内容及学时安排

课程内容	内容标准
校园植物生长习性	校园植物种类(1 学时)。 举例了解校园植物生长习性(3 学时)。
电子电路软件知识	认识电,点亮一个小灯泡(1 学时)。 认识电阻、三极管、光敏二极管组合电路和实际应用,用泡沫板接一个简单的小夜灯,了解三个器件的基本用途(1 学时)。 组装一个最简单的继电器电路,了解继电器的工作原理(1 学时)。 利用湿度模块去控制继电器工作(1 学时)课:温度模块、继电器、小水泵组合一个最简单的系统给花盆自动浇水。

课程内容	内容标准
电子电路软件知识	利用STC89C52单片机芯片最小系统,用最简单的程序,控制一个LED灯的亮灭,了解最简单数字电路和控制程序(1学时)。 举一反三,让学生和其他的IO口引脚,去点亮上一课同样功能的LED灯(1学时)。 控制单片机的IO去判断湿度模块的湿度状态(1学时)。 用程序判断湿度模块的湿度状态去控制继电器的开合(1学时)。 用程序判断湿度状态、控制继电器开合控制小水泵的工作给花盆土壤浇水(1学时)。 根据情况完善和加强控制功能(1学时)。 室外实际应用,进一步改善(1学时)。
作品设计及设计	自动化土壤湿度管理系统

（三）课程实施及评价建议

在本课程实施过程中,要重视理论与实践相结合,"校园植物生长习性"和"电子电路软件知识"两部分内容可交叉进行,以提高学生的学习兴趣。在课程开设之前,建议对校园植物进行挂牌,为学生的学习提供方便。学生成绩认定结合出勤情况、上课表现、课程作品进行。课程作品是自动浇花系统。

二、文学课程:"校园植物与诗歌欣赏"

（一）设计思路及课程目标

设计思路:在认识校园植物和掌握诗歌鉴赏中的植物意象的基础上,诵读相关作品,并学习新诗创作的方法和技巧,最终能独立以校园植物为题材进行新诗的创作。

课程目标:了解校园中的植物种类,理解诗歌中的植物意象,培养诗词诵读能力和基本的诗词表现手法。

（二）课程内容及学时安排

课程内容	内容标准
校园植物基础	识别校园中的主要植物(3学时)。 观察并描述某种校园植物的特征(2学时)。

课程内容	内容标准
诗歌鉴赏基础	举例说明古诗词中的植物意象(1 学时)。 举例说明新诗中花卉意象语言(1 学时)。 举例说明新诗中树木意象语言(1 学时)。
诗歌诵读与创作	诗歌的诵读技巧及实践(2 学时)。 尝试诗歌创作的构思(2 学时)。 举例说出诗歌的基本表现手法(3 学时)。 尝试以某种校园植物为主要意象进行新诗创作(3 学时)。

（三）课程实施及评价建议

本课程实施过程中,可以由语文老师和科学老师共同指导,利用不同学科教师的专业优势组织教学,保证教学的成果。在课程开设之前,建议对校园植物进行挂牌,为学生的学习提供方便。课程评价以学生的最终产作品为主,建议将学生习作汇编成册。

三、技术课程:"校园植物标本制作"

（一）设计思路及课程目标

设计思路:在认识校园植物的基础上,学习制作植物标本的技术,最终能独立以校园植物为对象制作标本。

课程目标:了解校园中的植物种类,掌握浸制植物标本和干制植物标本的制作技术。

"植物标本制作"课程内容及学时安排

课程内容	内容标准
校园植物基础	识别校园中的主要植物(3 学时)。 观察并描述某种校园植物的特征(2 学时)。
校园植物标本的制作	尝试进行绿色浸制标本的制作(2 学时)。 尝试进行红色浸制标本的制作(2 学时)。
干制植物标本的制作	尝试进行腊叶标本的制作(3 学时)。
植物工艺品创作	尝试进行叶脉书签的制作(2 学时)。 尝试进行干花图案艺术设计(3 学时)。

（二）课程实施及评价建议

本课程实施过程中，要注重学生实验能力的培养，可适当设计探究性实验（例如，探究用某种叶片制作叶脉书签的条件），提高学生的学习能力。在课程开设之前，建议对校园植物进行挂牌，为学生的学习提供方便。课程评价以过程性评价为主，在课程结束之后，可举办标本成果展。

四、艺术课程："校园植物摄影"

（一）设计思路及课程目标

设计思路：在认识校园植物的基础上，进一步学习摄影技术，最终能独立以校园植物为主题进行摄影创作。

课程目标：了解校园中的植物种类，掌握植物摄影的基本技术。

（二）课程内容及学时安排

"校园植物摄影"课程内容及学时安排

课程内容	内容标准
校园植物基础	识别校园中的主要植物（3 学时）。 观察并描述某种校园植物的特征（2 学时）。
摄影器材基础	举例说出常用摄影器材的基本操作方法（2 学时）。 举例说明微距摄影操作（1 学时）。
摄影构图与创作	说明摄影构图的基本视觉元素（1 学时）。 举例说明摄影画面中的主体和陪体布局（1 学时）。 举例说明摄影构图的具体表现形式（4 学时）。 尝试以校园植物为主题进行摄影创作（4 学时）。

3.课程实施及评价建议

本课程实施过程中，可以由美术教师和科学教师共同指导，利用不同学科教师的专业优势组织教学，保证教学的效果。在课程开设之前，建议对校园植物进行挂牌，为学生的学习提供方便。课程评价以学生的最终作品为主，同时在课程结束之后，可举办摄影成果展。

玩转 3D 神笔

吴 俏

一、课程背景

近年来,3D 打印技术已经以信息技术拓展课或社团活动的形式,逐步走进了中小学课堂,并与 STEAM 教育、创客教育等有机融合,对培养学生的信息素养、创新思维、空间想象、跨学科学习等能力,起着重要的作用。孩子有学习新兴技术的需求,而小学阶段又是人的一生当中最具有创造力的阶段之一,3D 打印技术能更直观、便捷地让学生们的梦想变成现实。但由于小学低年级学生还没有清晰的三维空间概念和计算机三维建模能力,因此,我们在 3D 打印课程实施的过程中,主要采用 3D 打印笔开展课程。3D 打印笔是创作 3D 作品最简单的入门工具,是最适合低龄学生开展创客实践的项目之一,它方便操作,易于携带,无需电脑和任何建模软件的支持,学生只要将其插上电源,安装 3D 打印耗材,就可以开始奇妙的 3D 作品创作,让孩子们的创造从这里起步,让孩子们的梦想在玩中启航,让孩子的想象力、创造力、思维无限飞翔,成为一名小小创客。

二、课程规划

(一)课程主题

学生能利用信息技术中的画图软件或手绘设计图稿,并借助这支神奇的 3D 打印笔绘制出自己感兴趣的、有创意的 3D 作品。

(二)课程理念

结合学校和学生特点,开设 3D 打印笔拓展性课程,结合丰富的课程资源和互联网平台,引导和帮助孩子们创意生成、创意设计、创意制作、展示分享,开展高质量的创客活动,培养学生们的创意创新能力以及运用已学的信息技术知识解决实际问题的能力,同时培养学生展示自我、与人分享的意识,提升学生们的核心素养。

（三）课程目标

1.让学生了解3D打印笔的发展史和简单原理，知道3D打印笔的功能和操作。

2.基于3D打印笔基础操作，提升学生二维空间转化三维空间想象力，锻炼学生对物体立体空间的理解和想象，培养学生对3D打印的兴趣，为将来学习3D打印机技术奠定良好的基础。

3.秉承陶行知先生的"生活即教育理念"，坚持"教学做合一"指导思想，通过贴近生活的3D作品的制作，培养学生观察生活的能力，锻炼学生眼、手、脑协调性；通过学生课前搜集资料、主题探讨、图形设计、作品分享的过程，培养学生独立学习思考的能力，启迪学生创意和创新精神，帮助他们成为小创客。

4.从作品模仿到自主创新，让学生体验创作过程的艰辛和乐趣；让学生在模仿中思考、在思考中创新、在创新中成长。

5.在3D作品创作活动中，培养学生的信息技术素养，学会用信息技术来解决创作过程中遇到的问题，鼓励学生互相学习，互相借鉴，互相合作，培养他们的合作精神和创新意识。

（四）课程内容

3D打印笔教学内容，根据三、四年级学生年龄的特点，教学实例选取的既贴近学生生活又充满童趣，具体情况如下表：

主题	内容	教学目标	课时
工具篇	1.3D绘画工具准备	认识和了解3D绘画的各种工具。	1课时
	2.初识3D打印笔		
	3.笔芯耗材		
	4.临摹工具		
	5.修剪工具		
入门篇	1.初次使用	初步了解3D打印笔绘制线条、图形的使用技巧。	1课时
	2.线条练习		
	3.简单的几何图形练习		
	4.图案填充练习		
	5.简单的立体图形练习		

续表

主题	内容	教学目标	课时
平面绘画篇	1. 把"Love"秀出来	熟悉3D打印笔功能,练习在平面上线条的描绘,简单的立体支架制作。	6课时
	2. 走在乡间的小红帽	练习平面复杂物体的描绘和图案的填充。	
	3. 个性书签我设计	熟练掌握平面复杂物体的描绘和图案的填充;初步尝试自主设计作品。	
平面立体绘画篇	1. 彩蝶起舞	掌握平面复杂物体的描绘及拼接方式。	8课时
	2. 大风车转呀转	掌握物体平面和全立体造型之间的衔接。	
	3. 弹起心爱的吉他	掌握物体平面与平面之间的拉丝衔接;熟练掌握立体涂面拼接技巧。	
	4. 星宝的小汽车	总结前面课程,综合训练掌握所学的平面拼接技巧。	
曲面立体绘画篇	1. 热气球大冒险	学习骨架造型,熟练立体涂面。	8课时
	2. 花样笔筒我做主	学习借助物体曲面直接描绘主体造型。	
	3. 美丽的小盆栽	学习借助自制模具描绘主体造型。	
	4. 小雪人挂件	学习借助自制模具描绘主体造型。	
创意创客篇	1. 飞翔小屋	了解创作一件3D作品的流程和体验团队合作的力量。	4课时
	2. 糖果树	熟练创作一件3D作品的流程和体验团队合作的力量。	
学生创作瞬间和作品欣赏			

(五)课程实施

1. 开设年级:三~四年级。

2. 课时安排:6个专题,一学年28课时,每周一课时。

3. 活动形式:社团形式,小班化,自由报名。

4. 教学策略:教师精讲,师生探讨,学生临摹,学生创作,分享作品。

(六)课程评价

课程评价采用师生评价、自主评价、活动评价。

评价量规及操作说明

一级指标	二级指标	评价内容	评价指标	测评依据	分值
基础指标	教学常规	行为规范	1. 正常到课 2. 完成作品	1. 教师点名 2. 作品质量数量	10 分
	课堂参与	学习态度	1. 认真听讲 2. 积极发言	1. 自评互评 2. 教师点评	10 分
		合作协助	1. 交流分享 2. 互相帮助	1. 学校分享 2. 教师点评	10 分
	自主学习	互动创新	1. 作品展示 2. 特色亮点	1. 学校展示 2. 自评互评	20 分
发展指标	自我发展	平台获优	1. 学校优秀 2. 学校良好 3. 学校及格	学校评估	20 分
	活动参与	各类活动	各级活动竞赛	获奖记录	20 分

三、教学设计

课堂中教师以主题的形式开展教学,提出问题后,教师引导学生可以手绘设计图形;可以利用网络下载所需的图片,并利用画图软件进行简单的图片处理;也可以让学生用画图软件中进行平面图形的设计和绘制,通过创造性的设计后,将设计图打印出来修改调整。调整后,利用 3D 打印笔打印平面图形,再进行拼接或直接创作,形成三维立体模型,点缀装饰。最后将设计出的成果在课堂上与同学们交流讨论,提出可行性建议,学生微调修改,得到完美作品。一般教学过程如图 1 所示。

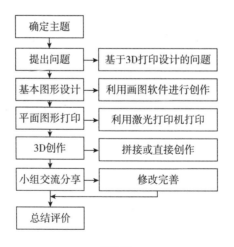

（图1）

具体课例:彩蝶起舞

(一)活动目标

1.熟练使用3D打印笔描绘平面复杂物体,以及初步掌握面面拼接方式的技能。

2.学生通过主题探讨、搜集资料、图形设计、作品分享的过程,培养学生独立学习思考和设计的能力,促进学生应用信息技术解决实际问题的意识和能力,提升学生的创新意识。

3.通过对美丽蝴蝶的制作,激发学生对大自然的热爱。

(二)活动准备

蝴蝶的视频和图片、课件、3D打印笔和耗材、绘纸和画笔。

(三)活动过程

1.创设情境,揭示本课主题

(1)蝴蝶视频导入,给学生们呈现一个缤纷的蝴蝶世界。

(2)师揭题:破茧而出的蝴蝶,五颜六色,姿态轻盈,在娇艳的花丛中穿梭往来,翩翩起舞,把大自然点缀得更加妖娆、美丽,今天我们大家就一起制作大自然的美丽精灵——蝴蝶。

2.自主探讨,梳理创作思路

(1)师展示蝴蝶图片,学生观察,共同描述蝴蝶的基本特征。

师:蝴蝶千姿百态,但是它们都有一些共同的特点,谁能来说说?

师生交流。

(2) 师根据3D设计原理提问:你们用3D笔画一只平面的蝴蝶已经不成问题,那么怎么让纸上的蝴蝶展翅欲飞,翩翩起舞呢?

学生自主探讨交流,形成创作思路:

①用平面拼凑三维立体图形的方式制作蝴蝶。

②利用画图软件、图片处理软件或者手绘设计并画出蝴蝶各个部位的平面图形图稿。

③利用图稿,使用3D打印笔绘制蝴蝶各个部分,最后拼接各个部分,完成3D蝴蝶创作。

3.自主实践,引导个性创作

(1)学生利用蝴蝶纸模完成蝴蝶制作。

（2）学生自主创作,师巡视指导。

生生间、师生间可以相互交流,设计怎样形态、颜色的蝴蝶。

师要鼓励学生大胆地把自己的想法和设计画出来,并做一些3D打印笔技能上的指导。

学生根据自己的设计,创作个性蝴蝶。

4.展示分享,完善个性作品

（1）生展示作品,并介绍自己作品的特色,说说最喜欢、最得意的部分和不满意的地方。

（2）生生交流,师生交流,取长补短,修改完善自己的作品。

5.课堂小结,师生交流心得

师:今天你们有什么收获? 学到了3D打印笔的哪些技法? 创作过程中遇到了什么样的问题,如何解决的?

师展示一些其他诸如蜻蜓、鱼等3D打印笔作品,给予孩子们一些创作上的灵感。

体验的趣味 Scratch

张莎莎

一、课程背景

Scratch 是由美国麻省理工学院(MIT)推出的面向 8 岁以上孩子的编程平台,它比以往传统的 Logo 编程更具趣味与形象,作为青少年的编程入门语言非常合适。类似"积木"玩具,只要使用鼠标拖拽积木部件就能组成游戏、卡通动画片,如搭积木一样简单有趣,它比专业编程语言更直观、简单。

二、课程规划

(一)课程主题

学生在短时间内创作出声音、图像、动画等益智小游戏、动画情景剧等多媒体交互作品。

(二)课程理念

"创作和分享你自己的交互故事、游戏、音乐和艺术","在设计中学习"的方式,给孩子们全球最好的创意平台。利用 Scratch 加减乘除、直角坐标、循环和变量、随机函数、随机数等元素,有了它们,就能够让动物奔跑、花儿开放,所有的一切都可以在他们的作品中直线呈现出来。变量可以控制动画速度、记录游戏分数,随机数可以让"大鱼吃小鱼",游戏中的小鱼不断重生。此时,学习这些知识变成了一种需要、一种渴求,学习的主动性还需要教师去调动,课堂的纪律还需要教师去管理吗?

(三)课程目标

Scratch 可以让使用者通过色彩丰富的指令方块进行组合来创作出多媒体程序、互动游戏、动画故事等作品,不仅训练学生的思维能力,在创想、设计、实现作品的过程中,发挥想象力和挖掘创造力。

三、应用实例——"章鱼吃小鱼"游戏

学习的内容是 Scratch 2.0，教师指导学生制作游戏、动画故事来学习 Scratch。学生感兴趣的包括打地鼠、F1 赛车、打爆气球、章鱼吃小鱼和成语故事等。根据体验学习模型，学生分四个环节开展学习。

（一）体验游戏开启思维

首先以全景舞台模式展示章鱼吃小鱼游戏，通过试玩体验，了解该游戏的基本规则。然后导入舞台背景及必要的角色，这一过程中，教师要提供必要的指导和技术支持。

（二）反思观察举一反三

在学习"章鱼吃小鱼"之前，学生已学过"打爆气球"，这两个游戏胜利的条件类似，不同的是事件控制环节和气球（小鱼）的行进状态。为此，教师通过引导学生反思学过的知识点和技能点，达到融会贯通的目的。以下是 3 段课堂实录。

课堂实录片段 1：

生：为什么我的小鱼游到屏幕外去了？

师：屏幕 X 轴的范围是 -240 到 240，Y 轴是 -180 到 180。而你让小鱼移动的范围是？

生：我就是在这个范围内产生随机数的啊。

师：你有没有想过小鱼本身占用的屏幕？

生：喔，明白了。

课堂实录片段 2：

生 1：我觉得小鱼的脚本可以照打爆气球游戏里的气球那样写，照抄就行，不用修改。

生 2（抢在老师之前）：不行，我已经试过了，照气球的脚本写，小鱼就向上飞起来了。

师：那应该怎么改？

生 2：可以让小鱼正常移动，然后碰到边缘就反弹，这样小鱼就可以在水里游了。

师：那么"当角色被点击"这个事件要调整吗？

生 2：这个我还没想好。

师：再来观察一下打爆气球游戏，程序开始时气球有没有动？

生2：没有。

师：为什么？

生2：因为气球还没有被点击。

师：对。所以我们要换一个事件来控制小鱼，换成"绿旗被点击"，让3条小鱼在程序开始时就动起来。

课堂实录片段3：

师：事件换了，新问题又来了，怎么让计算机知道小鱼被章鱼吃掉了呢？

生：用侦测。

师：观察一下舞台上，侦测什么比较合适？

生1：侦测章鱼这个角色

生2：也可以侦测颜色，章鱼是绿色的，和所有小鱼都不一样。

师：非常好，同学们不仅善于思考，也能仔细观察，学习能力又提高了。

（三）抽象概括锻炼逻辑思维

教师引导学生比较"章鱼吃小鱼游戏"和"打爆气球游戏"的脚本，说一说区别和联系，本课中新学了哪些知识点和技能点。

（四）主动创新完善作品

教师鼓励学生自由发挥，在原脚本的基础上，大胆创新。

学生1：调整难度，吃到不同的鱼得分不同。红色的1分，黄色的2分，紫色的3分。相应的鱼移动后等待的时间也要调整。

学生2：可以设置鱼在某个随机时间内是闪光的，吃不掉的，而且这时章鱼触到闪光鱼就输了。

学生3：不停转换背景，让游戏更有趣。

学生4：会有蛙人出现，章鱼如果被他抓住就完了。

（五）结束语

体验式的Scratch学习活动使学生在快乐中学习，并且有效激发了其逻辑思维、主动创新和归纳概括的能力，还有助于培养学生的合作、分享和互助精神。

模块化、可视化、简易化促使编程语言越来越面向大众，而Scratch的出现则把这一趋势进一步拓展到青少年。Scratch以其积木化的特点极大激发了小学生的学习兴趣，对于小学阶段学生逻辑思维能力、创造思维能力的培养有着显著的作用。